在职教育硕士培养模式的

创新与实践

华中师范大学
在职教育硕士课程与教学改革论文集

华中师范大学研究生院　主编

中国出版集团
世界图书出版公司
广州·上海·西安·北京

图书在版编目（ＣＩＰ）数据

在职教育硕士培养模式的创新与实践 ／ 华中师范大学研究生院主编. -- 广州 ：世界图书出版广东有限公司，2012.12

ISBN 978-7-5100-5443-3

Ⅰ．①在… Ⅱ．①华… Ⅲ.①研究生教育－在职教育－中国－文集 Ⅳ．①G643-53②G726-53

中国版本图书馆 CIP 数据核字(2012)第 286589 号

在职教育硕士培养模式的创新与实践

责任编辑	汪再祥
封面设计	梁嘉欣
出版发行	世界图书出版广东有限公司
地　　址	广州市新港西路大江冲 25 号
邮　　箱	uyling@163.com
印　　刷	虎彩印艺股份有限公司
规　　格	787×1092mm　1/16
印　　张	10
字　　数	210 千字
版　　次	2013 年 5 月第 2 版　2015 年 1 月第 3 次印刷
ISBN	978-7-5100-5443-3/G・1227
定　　价	37.00 元

编 委 会

前　言

　　教育硕士专业学位是具有特定教育职业背景的专业性学位,主要培养面向基础教育教学及其管理工作需要的高层次人才。开展在职人员攻读教育硕士专业学位工作是实施科教兴国战略和可持续发展、全面推进素质教育、加快基础教育教师队伍专业化进程的重要举措。

　　我校从1997年开始教育硕士培养工作,是国家首批教育硕士培养授权单位之一。根据教育硕士的培养目标和国务院学位办及全国教育硕士专业学位教育指导委员会的有关要求,结合自身实际,我校提出了"准确定位、规范管理积极探索、大力发展"的教育硕士研究生教育办学思想,把教育硕士专业学位研究生教育纳入学校学位与研究生教育事业整体发展的规划和轨道之中,作为我校构建教师教育体系的重要组成部分来建设。学校始终坚持质量、规模、效益协调发展的原则,注重教育硕士专业学位研究生招生、培养、论文答辩、学位授予等各个环节的目标管理和过程管理,确保人才培养和学位授予质量。自1997年开始教育硕士培养工作以来,我校已为国家培养了4300余名合格的教育硕士,他们作为我校培养的高层次应用型教育专门人才,正默默耕耘在祖国的四面八方。

　　近年来,在国家加大对研究生教育结构进行战略调整、加快推进专业学位研究生教育改革的大背景下,对在职教育硕士培养模式进行全面改革,高校与中小学校协同创新,探索出了丰富多样的促进在职教育硕士成长的新型教学模式。广大教师和管理干部针对教育硕士研究生的专业特点,在培养模式、质量标准和管理体制等多方面进行了有益的探索与尝试。他们中既有知名教授,也有普通教师;既有学校和学院领导,也有一线的研究生管理干部。本书收录了这二十多篇论文,就是他们积极探索、改革创新的部分成果,也是我校推进专业学位研究生培养模式改革和管理体制机制创新浪潮中的耀眼浪花。

　　相信随着专业学位研究生教育改革的不断深入,我校的教育硕士研究生教育会更好地办出特色、办出水平、办出优势、办出品牌,为国家培养更多高质量、高素质、高层次应用性专门人才,不断开创教育硕士专业学位研究生教育的新局面。

　　本书的出版,得到了学校领导、本校各教育硕士培养单位领导和老师以及世界图书出版广东有限公司的大力支持和协助,在此一并致谢!

华中师范大学研究生院

二〇一二年九月十九日

目　录

基于混合式学习的免费师范生教育硕士
课程教学研究与实践

张屹　　黄欣　　谢浩泉　　白清玉
（华中师范大学信息与新闻传播学院）

摘要：本文针对返校攻读教育硕士学位的首届免费师范生的学习特点进行研究与实践，为适应学习者在校时期有限、学习时间零碎的特点，积极探究了混合式教学模式的设计与实施过程，应用于《教育技术学研究方法》课程中，将多媒体课堂教学、微视频实验教学以及网络课程教学等多种方式充分结合，并采用多元化评价方法开展教学工作，最后收集真实的数据对教学效果进行分析总结，为免费师范生混合式教学的实施与评价提供借鉴。

关键词：混合式教学；微视频；网络课程；免费师范生

一、引言

　　自 2007 年起教育部直属的 6 所师范大学开始实施师范生免费教育，到 2012 年首届免费师范生已经就业一年，并且大部分选择了在职攻读教育硕士学位，今年暑期首次返校进行集中学习，考虑到他们返校期间学习时间有限，而回到工作岗位后学习时间又比较零碎的特殊情况，我们不能完全照搬全日制研究生硕士的课程计划，而必须有针对性地提供一种符合他们自身特点的教学模式，既能在假期进行传统的课堂学习，又能充分利用在职期间的零散时间，处于一种混合式学习环境中，从而保证了他们整体的学习时间和学习效率，因此我们决定采取混合式教学模式对其进行《教育技术学研究方法》这门课程的教学。

　　《教育技术学研究方法》是教育技术学专业的专业主干课程，是教育技术工作者从事教育技术科学研究所必须掌握的专业知识，本课程是一门为解决教育问题、探讨教育未知、创建教育理论提供基本思路与方法的工具性学科。混合式教学模式（blended - learning）是目前教育领域广泛开展的一种教育教学方式，本文将混合式教学界定为将多媒体辅助的传统教学和基于网络学习平台的在线学习有机结合起来的教学模式，把传统学习方式的优势和 e - Learning（即数字化或网络化学习）的优势结合起来，也就是说，既要发挥教师引导、启发、监控教学过程的主导作用，又要充分体现学生作为学习过程主体的主动性、积极性与创造性。本文中则主要是将基于多媒体的传统课堂教学、基于微视频的实验教学以及基于网络的在线学习这三类教学方式有效地结合起来，充分发挥混合式教学方式的优势，提高教学效率。

二、混合式课程教学设计

本研究是以《教育技术学研究方法》这门课程为例来开展教学研究与实践工作,此课程的混合式教学设计主要包括课堂教学、实验教学、网络教学、指导实践四大模块的教学活动,如图 1 所示。

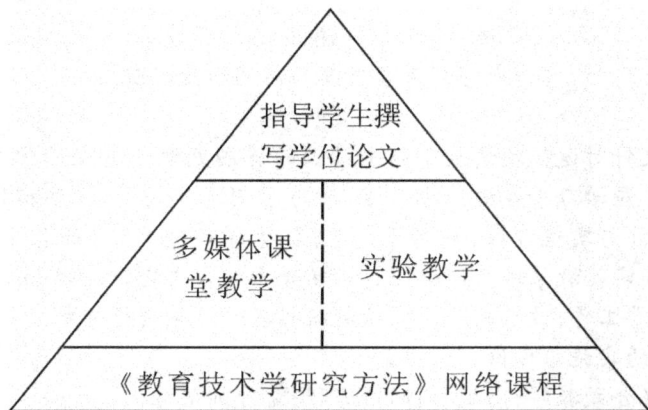

指导学生撰
写学位论文

多媒体课
堂教学

实验教学

《教育技术学研究方法》网络课程

图 1 《教育技术学研究方法》课程混合式教学模式

图 1 为《教育技术学研究方法》课程混合式教学模式结构图。其中网络课程作为整个教学工作的基础平台,进而带动多媒体课堂教学和实验教学更好地实施,并且在所有课程的基础上指导学生撰写教育硕士学位毕业论文,将本门课程所学运用于实践中。

(一)基于多媒体的传统课堂(face – to – face)教学设计

基于多媒体的传统课堂教学是一种师生面对面的教学方式,内容主要包括"研究的概论"和"典型的研究方法"两部分,共包括三种学习活动,分别如下:

(1)教师讲授,即教师结合真实的科学研究案例对理论知识和具体方法进行详细讲解;

(2)课堂活动、师生互动,即组织学生开展课堂学习活动,并且进行师生互动、生生互动;

(3)成果汇报、作品展示,即组织学生汇报基于项目的科研活动成果,小组之间互相进行评价和交流。

(二)基于交互式微视频(Microvideo – based)的新型实验教学设计

本课程的实验教学主要培养学生实践动手能力,要求学生利用 SPSS 软件对教育技术领域的研究数据进行统计和分析。为更好地开展本课程的实验教学工作,我们设计并开发了一套"SPSS 在教育科学研究中的应用"交互式微视频教学资源,并将真实的教育科学研究案例应用其中,让学生可以基于真实的教育科研数据进行交互操作练习。微视频是指播放时长在 10 分钟之内,适合于所有终端浏览和展示的视频片段,突出其"短、小、精"的特点,且内容完整,易于制作,便于传输。交互式微视频教学资源包括演示和交互两类资源,其教学设计元素如图2所示。

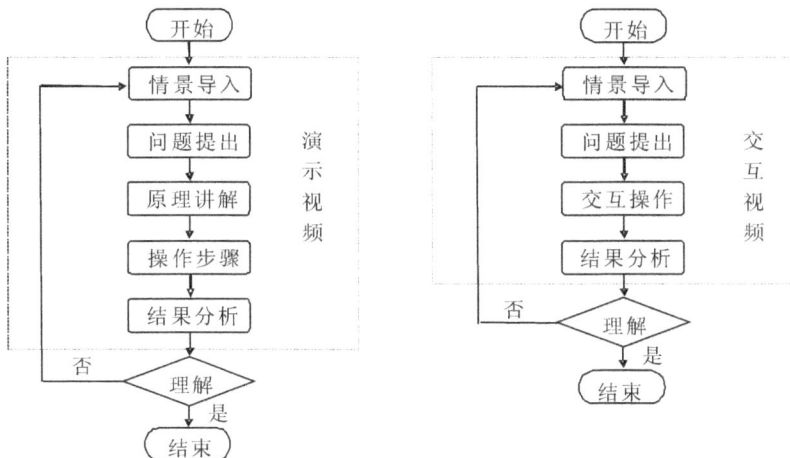

图2   SPSS交互式微视频的教学设计

此套交互式微视频将SPSS学习内容拆分成很小的学习单元,将其碎片化以适应免费师范生学习时间零碎的特点,但是又保证各学习单元之间是相对独立的知识结构,每个学习单元的教学时长不超过10分钟。并且,学习单元的学习要以教育科学研究的案例为导向,通过设置案例情景,学习相关的知识内容,结合案例和数据,进行SPSS的操作学习,从而切实提高学习者在实际应用中的动手能力。

(三)基于网络的在线学习(Online – learning)教学设计

为了给学生提供丰富的学习资源以及良好的研究性学习环境,我们开发了《教育技术学研究方法》网络课程(http://it.ccnu.edu.cn/etresearch/)如图3所示。

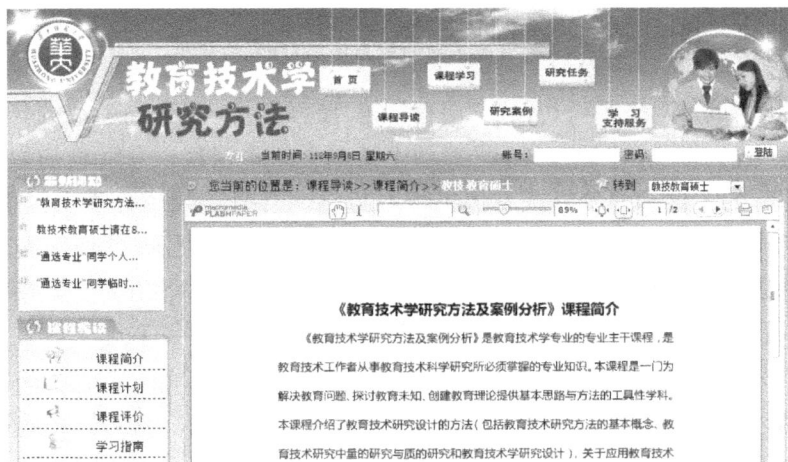

图3   《教育技术学研究方法》网络课程

《教育技术学研究方法》网络课程具体框架结构如图4所示。

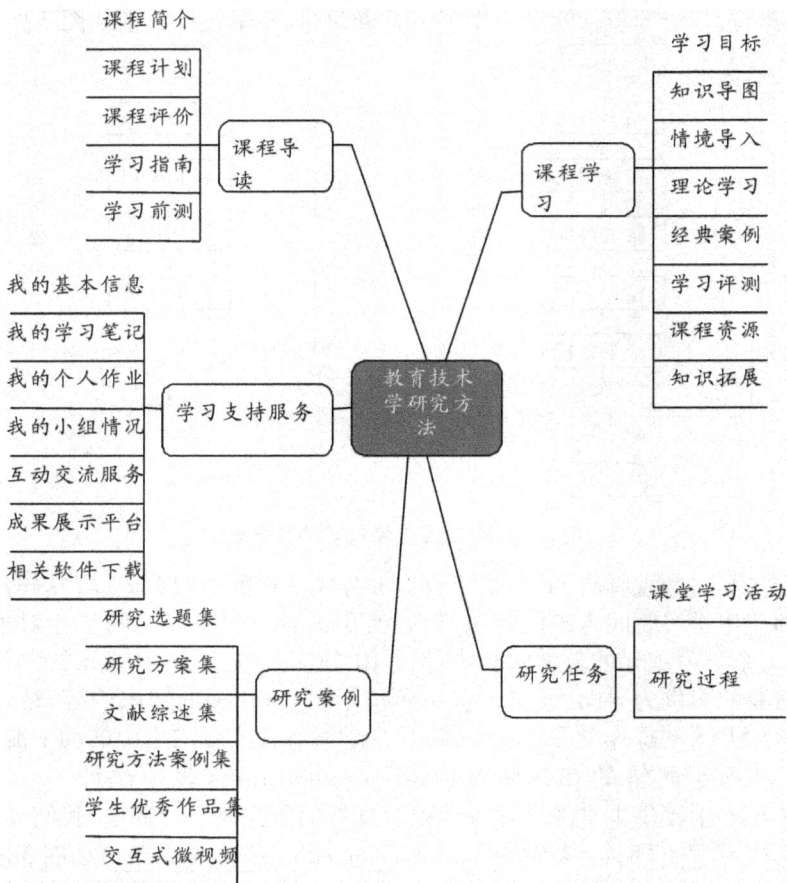

图4　《教育技术学研究方法》网络课程框架

　　如图4所示,网络课程共包括"课程导读、课程学习、研究案例、研究任务、学习支持服务"五大模块。"课程导读"为学生简单介绍本课程以及课程的教学计划,说明本课程的考核和评价方式并提供学习指南。"课程学习"为学生提供学习目标、知识导图、情景导入、理论学习、经典案例等多种学习资源。"研究案例"主要为学生的研究学习活动提供大量的参考资源,如历届优秀学生作品、真实的科学研究案例以及针对实验教学部分自主研发的"交互式微视频"等教学资源。"研究任务"包括"课堂学习活动"和"研究过程"两大部分,课堂学习活动分为小组活动和个人活动,教师将课堂学习活动以学案的方式上传至平台中,学生登录网络课程下载,完成任务后提交小组和个人活动学案,教师在线批改作业。研究过程记录各小组从选题到提交研究成果的整个科学研究过程,为学生的科研活动提供一个平台。

在支持服务平台中学生可建立自己的基本信息及学习记录档案袋,同时也可看到小组分组情况以及各小组研究的研究过程。在交流平台中各个小组可进行互动交流。

（四）指导学生撰写教育硕士学位毕业论文

免费师范生教育硕士同全日制硕士研究生一样需要在毕业前完成学位论文的撰写与答辩,同样需要导师的指导,此次暑期返校正好能够与导师见面,得到导师面对面的指导,当他们返回教师岗位之后,则可以利用网络接受导师对其论文的意见和建议,而《教育技术学研究方法》这门课程的学习内容则正是可以将其充分运用于论文的研究与写作中。

二、混合式课程教学实施

《教育技术学研究方法》课程的混合式教学模式实施过程如图 5 所示。

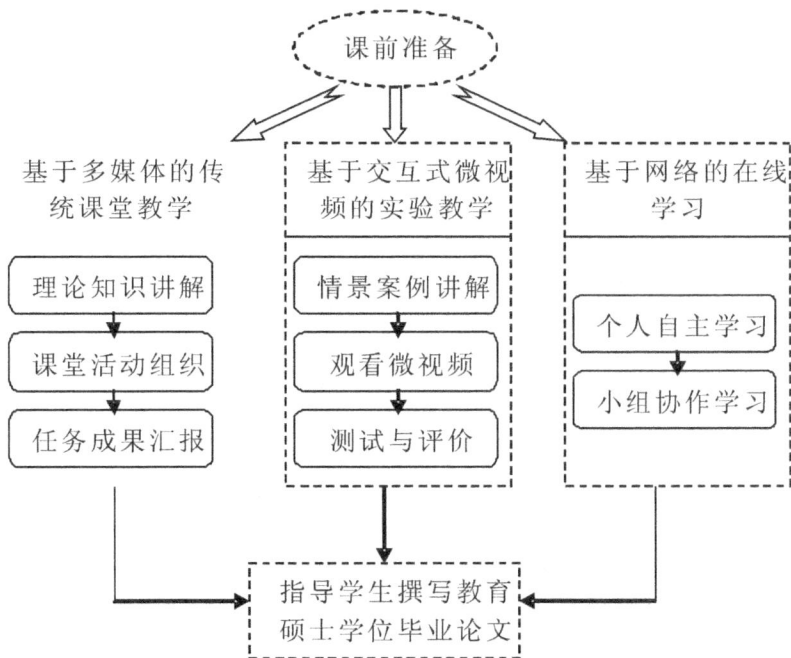

图 5　《教育技术学研究方法》课程实施框架

（一）基于多媒体的传统课堂（face‐to‐face）教学过程

课堂教学适用于本课程的前七章内容,主要包括教育技术学研究方法概论、方法的构建等几种常用的研究方法等。此部分内容要求学生掌握各种常用的研究方法,能够熟练运用于科研实践中,因此本部分的教学以学生为中心,强调课堂活动的重要性。课堂教学活动主要有以下几个方面。

1. 理论知识讲解

根据《教育技术学研究方法》课程内容的特点,教师利用真实的教育科研案例和问题引入章节学习内容,并结合大量的案例讲解相关方法的理论知识。运用《教育技术学研究方法》网络课程中的"经典案例",引领学生回顾章节重难点内容,并利用所学知识解决在课前所提出的问题。

2. 课堂活动组织

教师在本课程各章节中设计了课堂活动学案,并组织学生在课堂中分小组开展学习活动。各小组可参考学案中的案例模板并结合已学习的理论知识完成活动任务。

其中学案设计如图 6 所示。

课堂活动学案:第四章 实验研究法

活动：实验研究方案的设计

小组名称:

◆ **任务安排**

任务: 选择以下任意一个参考课题,或自定研究课题,根据以下实验研究方案设计的案例,任选"单组前测后测设计"、"随机化实验组控制组前测后测设计"、"拉丁方设计"、"单组时间序列分析"中的一种方法,写出实验研究的方案。

活动方式: 以小组为单位进行学习活动。

活动地点: 教室。

◆ **参考案例**

案例一: 基于 Blog 提高中小学教师教育科研能力的实验研究
实验类型: 单组前测后测设计
研究背景: Blog 作为一种新的网络媒介,其在教育中的应用,它是如何影响教师的教育生活,它对教师的思维方式和学习方式的转变和影响,是积极的还是消极的影响? Blog 对一线教师最深层次的影响又是什么?而对以上问题已有的研究表现为浅尝辄止、支离破碎,缺乏系统性、实证性,这是本课题深入研究的初衷。
实验方法: **(1)被试:** 2006 年 5 月份在河南师范大学中小学教师教育技术能力培训的第一批学员,

◆　**活动任务**

课题名称：
实验类型：
实验方法： 　（1）被试及分组：   　（2）材料：   　（3）自变量及水平：

◆　**参考资源**

　　参考文献：

　　　[1] 张豪锋,卜彩丽. 基于 Blog 提高中小学教师教育科研能力的实验研究[J]. 中国
电化教育，2007,(9):66~69

　　网络资源：

　　教育技术研究方法课程网站：http://it.ccnu.edu.cn/etresearch/

图 6　学案设计内容

　　学案设计的具体框架主要包括:第一,任务安排,即抛出实际任务,给出活动方式,告知活动地点;第二,参考案例,即给出具体的真实案例,让学习者可以借鉴此模板完成后续任务;第三,活动任务,即列出学习者需要完成的实际任务,并且任务是按照参考案例的模板给出,让学习者可以尽快入手;第四,参考资源,即给出有用参考文献和网络资源。

　　3.任务成果汇报

　　最后,教师组织各小组派出代表汇报并展示小组成果,教师和学生给汇报小组以总结性评价,为学生以后开展科学研究提出建议,并收集作品作为学生的学习档案。

　　（二）基于交互式微视频（Microvideo – based）的新型实验教学过程

　　实验教学模式适用于本课程第八章和第九章内容,主要包括研究数据的初步统计分析和高级统计分析。此部分内容要求学生掌握科学研究数据的分析方法,熟练应用 SPSS 数据分析软件,因此本部分的教学强调动手操作的重要性。实验教学活动如下。

　　1.原理讲解与操作演示

　　教师首先以真实的情景案例问题导入课堂,讲解解决案例问题所用的数据分析方法及其原理,并以案例数据为例演示操作步骤及要点。

　　2.观看微视频

此两章的课堂活动以个人为单位进行,在教师讲解完原理知识之后,学生登陆《教育技术学研究方法》网络学习平台观看并操作交互式微视频。学生在反复观看交互式微视频之后完成教师发放的活动学案并提交,学生和教师可通过网络学习平台进行在线交流和评价。

3. 课后测试与评价

在学生完成课堂活动任务之后,教师设计测试题目检查学习情况。若不能通过测试,学生需重新进行课堂活动直至通过课后测试。教师结合提交的学案和课后测试情况给出评价。

（三）基于网络的在线学习（Online – learning）过程

为了适应免费师范生教育硕士学习时间的特殊性,我们搭建了《教育技术学研究方法》网络课程平台,在这个平台基础上,学生既可以完成个人自主学习任务,也能够进行小组协作学习活动,具体如下。

1. 个人自主学习

学生通过自己的学号和个人密码登陆到此网络课程中,首先,可以自行下载活动学案,完成学案任务后再进行在线提交;其次,可以观看教师的课堂录像,方便其复习课堂所讲知识;再次,可以查看网络平台上真实的调查问卷和数据结果,以及优秀论文集,为其提供研究案例和数据资源;

课堂活动学案下载页面如图 7 所示。

图 7　学案下载栏目

并且,学生可以通过此平台看到自己的作业完成进度和成绩情况,从而督促和激励学生尽快尽好地完成任务。个人作业完成情况进度条如图 8 所示。

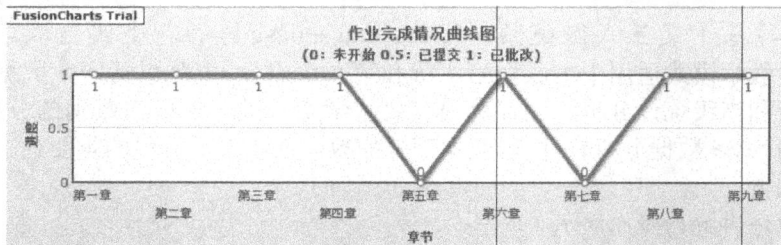

图 8 个人作业完成情况曲线图

2. 小组协作学习

小组协作学习是基于项目的研究性学习,在网络课程中"研究过程"栏目中实现,如图 9 所示。

图 9 "研究过程"栏目

小组以 7—8 人为一组,每个研究小组结合自己小组的研究兴趣,选定一个有意义的研究课题,开展项目研究。需要编写与课题相关的文献综述,设计出相应的研究方案,并撰写出一篇研究报告或学术论文。各小组通过网络在线提交科研阶段性成果,并可了解自己小组的研究进展情况,也可下载学习其他小组的研究成果。

小组作业完成情况进度条如图 10 所示。

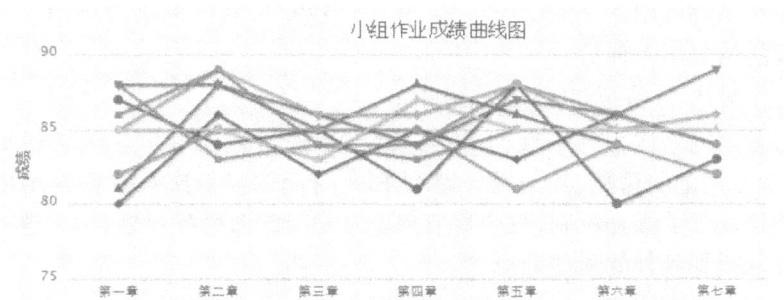

图 10 小组作业完成情况曲线图

(四)指导学生撰写教育硕士学位毕业论文

在所有课程完成后,免费师范生教育硕士即可将课程所学知识运用于各自的毕业论文撰写中去,论文作为不可或缺的一部分,导师也会亲自进行当面以及在线两种方式的指导,为他们完成自己毕业论文提供清晰思路、打下坚实基础。

三、混合式课程多元化教学评价

基于研究型网络学习平台的《教育技术学研究方法》混合式教学评价不仅要

关注学生的学业成绩,而且要发现和挖掘学生的科学研究潜能和兴趣。依据不同的评估结果研制最优的教学策略促进学生提升自己的学术科研能力水平。我们主要从三个方面来评测学生的学习效果,如图 11 所示。

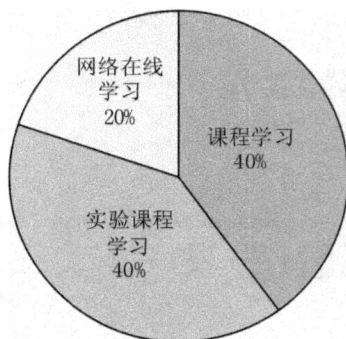

图 11《教育技术学研究方法》评价体系

（一）多媒体课堂学习情况(40%)

全班同学按照研究兴趣和自我意愿,划分 7—8 人一组的科研小组。每个研究小组按照网络课程中"研究过程"栏目的要求完成基于项目的科学研究活动。教师结合小组的课堂汇报情况和科研任务完成情况进行评价。

（二）实验课程学习情况(40%)

实验课程的教学内容为研究数据的初步统计分析及高级统计分析,要求每个学生完成教学进度中指定的学案任务,并在线提交学案到网络课程中。教师根据学生完成的情况给予评价。

（三）网络在线学习情况(20%)

学习者以网络课程为平台,开展自主学习,通过记录学生登陆学习平台的次数、撰写学习笔记的篇数、参与聊天室和 BBS 讨论的发言次数及内容给出相应的分数。并且设置了激励机制,每个章节都设有相应的课后练习题,做完这些习题的学生就可以得到额外的附加分数。

四、混合式课程教学效果研究

（一）微视频教学效果研究

本研究所分析的数据全部来自首届免费师范生暑期返校攻读教育硕士的真实数据,在课程开始前,通过"基于交互式微视频的 SPSS 微视频学习效果的调查问卷"了解他们对微视频的了解程度。在课程结束后,通过"学生学习效果调查问卷"开展后期调查。

在课程开始前和课程结束后,对学习者的学习兴趣进行了调查,结果如图 12 和图 13 所示。

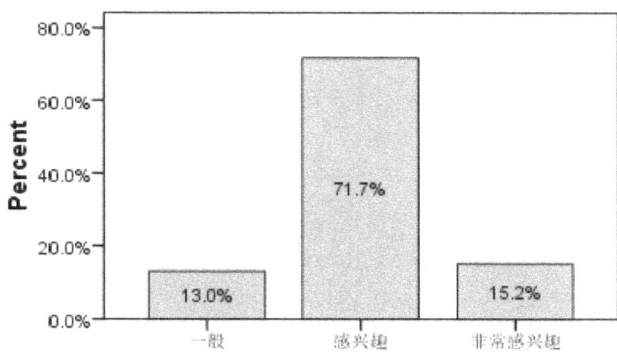

图 12 学习前对微视频辅助教学的兴趣程度

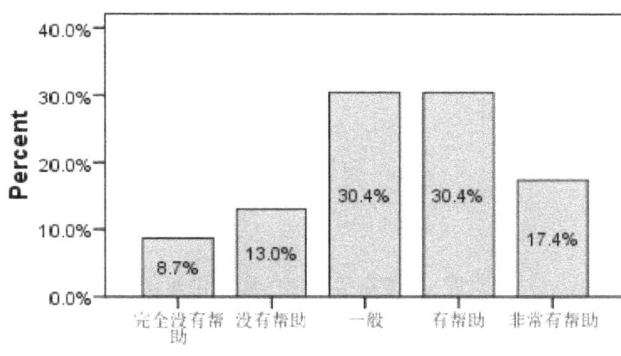

图 13 学习后认为微视频是否激发学习兴趣

　　对微视频教学的学习兴趣来看,图 12 显示非常感兴趣的占 15.2%,感兴趣的占 71.7% ,一般的占 13.0% 。从调查结果统计图中可以看出,大多数学生对这种采用交互式微视频辅助 SPSS 教学工作比较感兴趣。由图 13 可知,78.2% 的学生认为微视频能够激发他们的学习兴趣。在学习前由于大部分学生对微视频还不够了解,因此对这种新的教学资源和教学方式感兴趣,经过这学期的学习,大部分学生对微视频还是接受的,认为能够激发学习兴趣。

　　同时,在课程结束后,对学习者的学习效果进行了调研,例如"利用 SPSS 进行数据分析的能力"和"理解和深化知识"的效果,结果如图 14 和图 15 所示。

　　对微视频对学生的学习反馈的情况来看,由图 14 可知,34.8% 的学生认为微视频对提高 SPSS 分析数据的能力非常有帮助,26.1% 的学生认为有帮助,可见,微视频的教学对大部分学生的 SPSS 操作能力是有帮助的。由图 15 可知,45.7% 的学生认为微视频对于帮助理解和深化知识是有帮助的,21.7% 的学生认为是非常有帮助的。由此可知,大部分的学生认为微视频对于辅助 SPSS 教学是有帮助的,对大部分学生分析数据的能力以及对知识的理解是有帮助的。

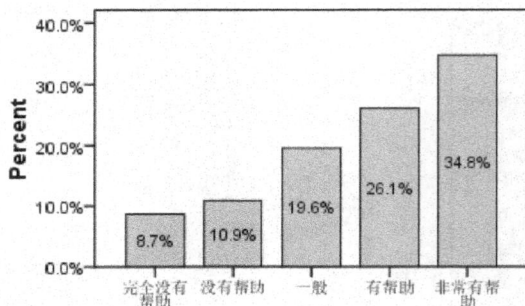

图 14 是否提高利用 SPSS 分析数据的能力

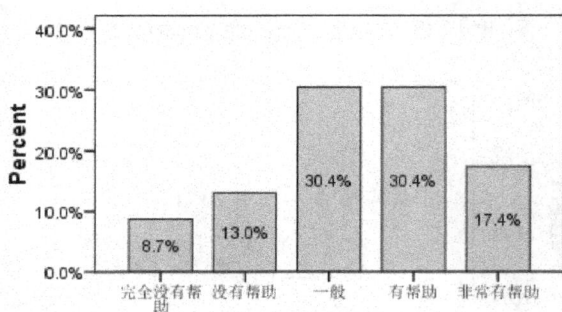

图 15 是否帮助理解和深化知识

(三) 网络课程实施效果研究

在课程开始前,通过"学生能力现状和学习需求调查问卷"了解他们现有的学习水平以及对学习资源的需求状况。在课程结束后,通过"学生学习效果与网络课程应用调查问卷"开展后期调查,了解学生的学习能力、兴趣和态度的情况。

在课程开始前和课程结束后,对学习者的学习兴趣进行了调查,结果如图 16 和图 17 所示。

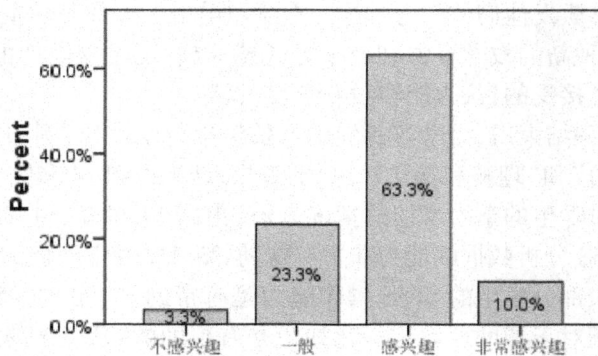

图 16 学习前对利用网络学习感兴趣程度

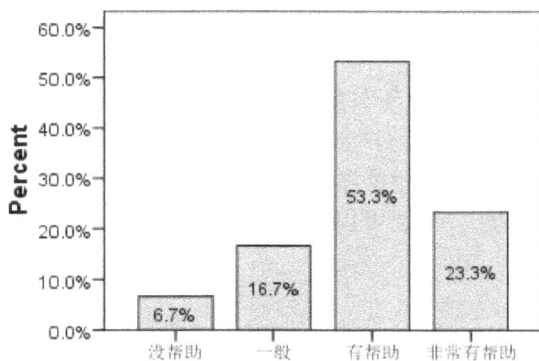

图 17 学习后是否激发学习兴趣提高自主性

如图 16 可知,73.3%的学生对利用网络课程进行学习感兴趣,其中 10%的学生非常感兴趣。图 17 可知,76.6%的学生认为这种网络课程可以帮助他们激发学习兴趣并提高学习自主性,其中 23.3%的学生表示非常有帮助。由图中的数据,足以说明网络课程的教学对学生学习兴趣方便的正面影响。

五、总结与展望

笔者经过几年的探索与努力,华中师范大学"教育技术学研究方法"课程在教学设计、资源开发整合以及混合式研究型教学模式上已经积累了丰富的教学经验,此次将这种方式的教学模式应用于攻读教育硕士的首届免费师范生身上,进行大胆的尝试和创新,收到颇为丰厚的效果,从而得出以下几点结论。

(一)总结

1. 符合免费师范生教育硕士学习特点

由于教育硕士处于教学一线的工作性质的特点,不能够拥有足够完整的时间进行学习,而该种混合式教学模式则充分的满足了教育硕士的时间少、学习任务重的需求。首先在暑假利用传统的多媒体课堂对学员进行集中面授,待学员回到工作岗位之后,可以在工作之余利用微视频及网络教学课程进行学习。

2. 满足免费师范生教育硕士工作所需

笔者自制的交互式微视频以及课程中所使用的所有案例都来源于教学一线的真实案例和数据,从而使课堂教学及学员的课后利用微视频及网络教学课程学习的过程都更贴近他们的实际生活和工作,促进学员学习的自主性和积极性。

3. 提高免费师范生教育硕士学习兴趣

在课程评价体系中笔者设计并实施多元化的评价方式,将个人参与课程学习、小组协作研究以及平时作业完成情况等列入到课程评价中。这样多元的评价方式能够提高学习者参与课程教学活动、参加小组科学研究活动并主动探索知识的积极性,有利于挖掘学生的科学研究潜质,提高他们的学习兴趣。

（二）展望

在整个教学的过程中,由于只能利用暑假非常有限的时间来进行集中面授,学员的课业任务非常艰巨,使他们在结束每一天的学习后都会感觉非常疲惫,这样,课堂的听课效果以及课后布置的学案作业和其他任务的质量不能够得到保证,所以,在以后的学习过程中,希望可以将学员的学习周期延长,从而更好的保证学员的学习效果。

参考文献：

［1］张屹.信息化环境下教育研究案例精选［M］.北京:北京大学出版社,2011:11.

［2］张屹,黄磊.教育技术学研究方法［M］.北京:北京大学出版社,2010:115—123.

［3］李克东,赵建华.混合学习的原理与应用模式［J］.电化教育研究,2004(7):1—6.

［4］林钦.基于混合学习的研究型网络课程实施效果研究——以《教育技术学研究方法》研究型网络课程为例［D］.华中师范大学硕士学位论文,2011.

［5］黄磊,杨九民,李文昊.基于免费网络服务的高校混合式学习模式构建———以"现代教育技术"课程为例［J］.电化教育研究,2011(8):103—108.

［6］教育技术学研究方法:＿＿＿http://it.ccnu.edu.cn/etresearch/＿＿＿.

在职教育硕士网络学习评价体系的建构

崔鸿　李义义　王红
（华中师范大学生命科学学院）

摘要:网络教育为在职教育硕士的学习提供了极大便利,但网络课程学习评价问题一直没有得到足够的重视。本文以"生物学教育原理与方法"为例,在分析目前网络课程学习评价的现状与问题的基础上,构建基于在职教育硕士的网络课程学习评价体系,并从评价主体、评价内容以及评价实施三方面详细阐述了该体系的具体内容,具有一定的推广价值。

关键字:网络学习;在职教育硕士;评价体系

网络教育的交互性、个别化、时效性、共享性等特点为在职读研的教育硕士的学习提供了极大的可能性和便利性。而网络学习评价作为学习者自主学习的动力与学习成果的保障,仍缺乏评价指标的实践操作详细方案,不能够对学习者的学习过程进行有效监控。因此创新和完善网络课程学习评价体系成为促进在职教育硕士网络课程发挥实际效力的关键因素。本文以"生物学教育原理与方法"网络课程为例,尝试构建一种有效的学习评价体系,以提高在职教育硕士网络学习的有效性。

一、在职教育硕士网络课程学习评价的现状与问题

在职读研学习者学习的突出特点是边工作边学习,工学矛盾突出,缺乏集中学习时间,且分布离散,难以集中面授,教师的监管能力有限。学习得以成功进行在相当程度上依赖于学习者的学习动机、自主意识、自控力和自我学习评价。网络学习评价是促进教育硕士学习动力的主要外因,是学习监管的重要方式。但目前网络课程在实际应用中,存在评价机制不完善,评价形式单一,注重结果性评价等诸多问题。在此以生物学在职教育硕士的一门重要网络课程"生物学教育原理与方法"为例,分析其评价实施过程,剖析其中主要存在的问题。

(一)过程性评价方式单一,存在疏漏

对在职教育硕士的学习动机和学习态度的评价主要是依据学习者登陆的次数和在线学习时间。这种判定标准无法排除学习者登陆系统,将界面打开后闲置一旁却被系统记录为学习时间的错误判断,存在较大疏漏。而对学习者学习效果的评价主要是平时作业和在线自测,这种方式只是将传统课堂上的纸笔测验通过计

算机系统搬到网络上而已,在职教育硕士的网络学习评价应更加注重其构建和知识迁移的能力,将考核的重点放在对知识的应用能力上,因此应该更多是设计教学设计、课堂教学实录、教研论文等学习者作品的过程性评价。

（二）缺少诊断性评价

在网络课程学习开始之前,诊断性评价的缺失,不利于教师摸清在职教育硕士的教学经历、学习需求和学习风格等情况,较难把握影响网络学习的主要因素,指导其开展个别化、层次性的学习。

（三）评价主体单一

评价方式仅限于教师对学习者的评价,缺少学习者的自我评价、同伴互评。由于学习者人数较多,与教师又处于时空分离状态,仅从教师的认识与提交的作业测试情况对学习者进行评价具有较强的主观性与片面性,不能全面综合的评判学习者的学习发展过程。

（四）评价反馈滞后

学习者提交作业与测试答案后,不能及时获取教师的评价,得到有效的反馈信息。这导致学习者无法及时的发现问题,查漏补缺,调整学习态度与方法,求得进步。滞后的评价反馈容易挫伤学习者的学习积极性。

如何解决以上问题,设计促进在职教育硕士终身学习的持续有效的学习评价体系,提高"生物学教育原理与方法"网络课程评价效度,保障在职教育硕士的学习质量,成为该门网络课程开发亟需研究解决的问题。

二、在职教育硕士网络课程评价体系设计

针对以上存在问题,主要从评价主体、评价内容等方面进行创新与完善。

（一）建构多元化的评价主体

为了扩大评价信息的来源渠道,提高评价的信度和效度,加强学习者的自我认识智能和人际交往智能,提高在职教育硕士进行教学评价的能力,在已有的教师对学习者进行评价的基础上有必要创建学习者互评与自评方式（如图1）,而作为教师的他们,在日常的教学中具有较强的评价能力,完全有能力开展好互评和自我评价,这为在职教育硕士网络课程中多元化评价主体的实施提供了可能。

1. 学习者互评

学习者互评是学习者与他人协作交流的一种十分重要的方式,是指具有相同或相近能力水平与知识背景的学习者组成一个小组,小组各成员不仅作为学习者,更充当教师的角色对同伴的学习过程进行评价。在职教育硕士具有从教的经历,基本上掌握了学习评价的方式与方法,所以评价结果具有较强的科学性与可信性,这也是教育硕士展开互评的优势所在。学习者能够从小组成员的不同角度中得到大量的反馈信息,从而更全面的进行认知活动与批判性思考,自我反思,发现错误

并及时改进。

为促进学习者的互评,可以利用"华中师范大学研究生课程在线"平台为学习者提供的成果展示平台,创建讨论交流的环境。该平台设置了"互动平台",包括四个子模块:在线交流、课程讨论、小组学习、视频交互。在这些模块中学习者能将内化了的知识与能力通过完成开放性的作业题目,提交自己的学习、研究成果,甚至是课堂教学实录等展示出来。小组成员不仅可以对学习者的成果展示进行评价,还能看到其他成员的评价,有利于保证评价的全面性与科学性。该平台为同伴互评创造了平等友好的环境,使学习者具有集体归属感,增强了平台的社区粘度。

2. 学习者自评

自我评价是学习者对自己的能力、状态和发展趋势的评价。自我评价利于学习者展开自我反思、自我诊断、自我控制与管理,及时调整学习状态、方式方法,保证学习效果,促进在职教育硕士专业化的发展。全面、正确的反馈信息是进行自我评价的基础,这不仅包括学习者学习过程、成果的记录,也包括他人对学习者的评价。而"研究生课程在线"平台能够按照时间顺序将学习者的学习过程与成果记录保存下来,并且保留教师、其他学员对学习者的每一次评价,学习者可以随时的查看学习记录与评价,从而客观的评价自己过去、当前的学习状态。

(二)设计系统性、全面性的评价指标

科学构建评价指标是对在职教育硕士网络学习成效进行评价的前提与保障。为了对学习者的学习过程进行全面系统的考察,确保评价结果的科学性。主要从学习态度、交流协作、资源利用、成果展示、学习效果等方面对学生进行过程性评价,每一部分都包括教师的评价、学习者的自评与互评,如图2。

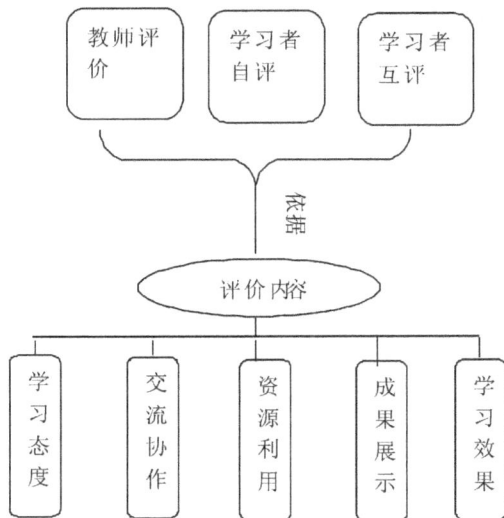

图1　评价指标概览

以"生物教学原理与方法"为例,具体评价指标见表1。此课程共计36课时,在设计的过程中将一些共性与个性的指标进行分类汇合,主要分为一级指标(Un)、二级指标(Unn)与三级指标(Unnn),并根据课程整体评价目标,给出各评价指标在评价体系中的权重。

以学习态度为例,探讨如何利用以上评价指标对学习者进行成绩评定。下表2表示A生的实际登陆次数、在线学习时间、笔记提交次数等,根据评价指标可以得出A的的等级与分数,用每项等级分数乘以具体权重即可得出该项实际得分,得分的总和即为学习态度部分的得分。

表2　学习者A的学习态度成绩

学习态度（权重0.1）	登陆次数		每次在线学习时间		在线学习总时间		提交学习笔记的次数		笔记中对课程内容进行标注的次数
权重	0.1*0.2*1		0.1*0.4*0.4		0.1*0.4*0.6		0.1*0.4*0.2		0.1*0.4*0.8
实际数量	13		2h		25h		19		130
等级分数	73	中	85	良	82	良	93	优	76 中
实际成绩	1.46		1.36		1.968		0.744		2.432
总成绩	7.964								

（三）网络学习评价的实施

在职教育硕士的网络课程学习不再单纯的强调掌握知识的多少,而是定位于发展其终生学习的能力,强调自主意识、学习能力、实践能力和批判性思维等教师专业化发展能力的培养。所以采用动态的过程性评价替代静态的总结性评价,有针对的发挥评价对学习者的学习诊断、鉴别、导向和激励作用。在实际学习中我们将网络学习评价的实施过程分为四个部分:自主学习阶段评价、交流协作阶段评价、学习成效评价、反思阶段评价。各部分均包含教师评价、学习者自评与互评。通过对每一阶段的详细评价综合反映学习者的水平。具体实施操作如图2:

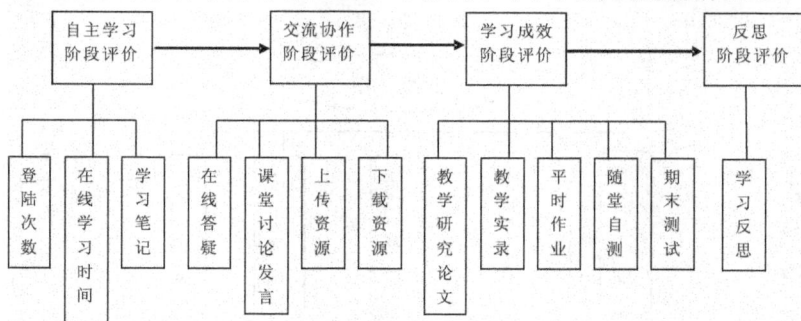

图2　生物学教学原理与方法评价的实施流程

1. 自主学习阶段评价

学习者通过"研究生课程在线"平台登入自己的信息门户，通过在线学习等方式展开自主学习，并利用平台中的标注功能将网络课程中的课件、文献等参考资料中的重点、难点和疑点进行标注与批注，记录自己对相关问题的观点与思考轨迹。

"研究生课程在线"平台实时的记录学习者登陆学习的次数与在线网络学习时间，并将学习者标记的课程资料收藏起来，形成他们的数字化学习档案，供学习者翻看与教师审阅。每周，教师翻阅学习者的学习档案袋，通过查看学院的登陆次数、在线学习时间、学习笔记的情况整体把握学习者的学习进度，在此基础上对他们展开学习态度评价。

2. 交流协作阶段评价

在自主学习对学习内容有一定思考和见解的基础上，学习者进入交流协作环节。其利用互动平台建立讨论小组，对讨论区问题展开深入的探讨，发表见解，提出疑问，对小组成员的意见表示赞同或质疑，对提出的问题给予解答，并利用平台资源上传功能将自主学习过程中的参考资料与其他成员分享，促进小组的共同进步。学习者在这一阶段的学习情况，包括在线答疑、课堂讨论发言、上传资源、下载资源的情况都记录在其数字化学习档案袋，成为评价其参与意识、思维水平以及成员间相互协作精神的依据。

3. 学习成效评价

学习成效评价包括对学习者学习成果与效果的评价。平台设计成果展示模块与学业测评模块。学习者带着解决教学中的实际问题这一动机完成学习任务后，将学习的理论知识运用与实践中，通过提交自己在教学实践中发表的与课程内容相关的论文，或教学设计、说课视频、优质课堂教学实录等作品的方式将自己的学习成果在成果展示平台上与同行分享，其他学员可以在每一作品后的留言区对 A学员的成果发表评论并打分。提交作品的数量、被关注程度（被浏览次数与评价次数）以及平均分将作为对学习者学习成果评价的依据。而课程平时作业、随堂测试与期末测试的成绩则作为其学业测评成绩被记录在学习档案袋中，供教师了解学习者学习内容掌握情况。评价结果依据作业、试题、试卷的评价标准进行测评。

4. 反思评价

每单元课程内容结束后，学习者都被要求对自己的学习进行反思，并提交学习反思。教师根据学习者反思的深刻程度、与自身发展吻合程度等给予及时的反馈意见与评价。反思评价也将收藏在数字化学习档案中，见证学习者的发展历程。

以上评价实施过程中，自主学习阶段与反思阶段评价由教师与学习者完成，其他阶段由教师、学习者自身与小组成员共同参与完成，这种多元化的评价主体对学习者进行的过程性评价保障了评价的有效性与全面性。

所有的评价结果以可视化的形式表现，便于学习者和学习同伴之间的交流和反思，同时设计学习精灵，全程跟踪、督促和建议学习者的学习，让学习者在学习—

评价—学习的循环过程中取得进步和发展。

（四）总结

网络平台不仅是资源展示的平台，更应该成为真正意义上的一个学习平台，它的数字化、网络化、动态化有利于对学习者开展多元化的评价。我们以"研究生课程在线"平台为依托，以"生物学教育原理与方法"为例，针对在职教育硕士的特点，突出网络评价的优势，建立了多元化的评价主体与评价内容，关注学习者学习的过程性与动态发展，使评价发挥出发展功能而不仅仅只是考试、选拔功能，具有一定的推广价值。

参考文献：

［1］毛仁兴，张文兰.Diigo 在网络学习评价中的应用微探［J］.现代教育技术，2009（8）：79—81.

［2］冯义东.高校网络课程学习评价的设计与实现——以"现代教育技术"网络课程为例［J］.中国电化教育，2011（8）：70—76.

［3］孙翠玲.成人远程网络学习中的学习评价［J］.现代远程教育研究，2004（1）：27—30.

［4］孙虎，李春杰.多元化设计网络学习评价体系［J］.中国教育网络，2011（8）：68—70.

［5］冯义东.基于多元智能理论的网络学习评价［J］.现代远距离教育，2007（2）：55—57.

［6］余海芸，杨新存.基于 Web 的网络学习评价体系研究［J］.青海科技，2007（5）：76—78.

［7］常薇，何军，赵健.基于活动理论的网络学习评价体系研究［J］.中小学电教，2010（12）：34—36.

［8］胡春红，张勇.网络学习评价系统的设计［J］.长江大学学报，2009（2）：84—86.

如何克服教育硕士培养过程的偏差和误区

郭春娥　谭冬霞　曹芬荣
（华中师范大学信息与新闻传播学院）

摘要：教育硕士学位是一种具有教师职业背景的专业性学位，它在学位设置的依据、具体的培养目标、培养模式与规格、培养的途径和方式等方面与教育学硕士学位有明显的不同。教育硕士学位的培养目标是对教育硕士研究生进行专门的、高水平的教师职业训练，使其树立科学的现代教育观，具有较高的教育学科的理论素养及从事基础教育教学的能力，并掌握现代教育教学技术与方法。在过去的十余年间，教育硕士专业学位教育为基础教育战线培养了一大批高水平、高素质、应用型、实践性的骨干教师和管理干部。但是，在培养过程中由于在培养目标、培养模式、课程设置、教学方式等等方面还存在一些不明确、不合理的问题，因此产生一些偏差和误区。我们如何克服和纠正这些偏差和误区，值得我们深思和探讨。

关键词：教育硕士；培养过程；偏差和误区；分析与探讨

为适应基础教育改革与发展对优质教师资源的迫切需求，进一步推进教师职业化发展，1996 年 4 月，国务院学位委员会通过决议设置教育硕士专业学位，1997年 9 月，首批攻读教育硕士专业学位的学员入学。由此，掀开了我国教育硕士专业学位教育事业发展的序幕。十几年来，教育硕士培养了一大批高素质的中小学教师和教育管理干部，为推进我国基础教育的改革与发展，加快我国教育现代化进程，做出了重要的贡献。但是，伴随着培养院校、招收领域（方向）和学员规模的不断扩大，我国教育硕士的培养模式或类型也趋于多样化。在教育硕士培养过程中出现了一些偏差，产生了一些误区，这些偏差和误区给教育硕士培养质量带来不少的负面影响，我们该如何克服这些偏差和误区？值得我们探讨和研究。

一、教育硕士培养过程中存在的偏差和误区现象

教育硕士专业学位教育已经走过了十几年的发展历程。通过十几年的努力，教育硕士专业学位教育积累了丰富的办学经验，取得了丰硕的成果，形成了具有中国特色的高层次、高素质的教育职业型人才的培养体系，对基础教育和教师教育的改革发展发挥了重要作用，产生了巨大的社会影响。但是，目前有些高校在教育硕士培养过程中也存在一些偏差和误区，这些偏差和误区不得不值得我们关注和重视。

（一）偏差和误区之一：目标定位模糊不清，造成认识上的偏差

1996年，国务院学位办《关于开展教育硕士专业学位试点工作的通知》中明确指出："教育硕士专业学位是具有特定教育职业背景的专业性学位，主要培养面向基础教育教学和管理工作需要的高层次人才。"这为教育硕士的培养目标定了基调。2002年，全国教育硕士指导委员会在《关于加强教育硕士的培养与管理工作的意见》中，重申了教育硕士学位的性质和培养目标："教育硕士专业学位是以教师职业为背景的具有明确的实践性、职业专门性的硕士学位，主要培养从事基础教育的教学和管理工作的高层次专门人才。"

但是到目前为止，教育硕士专业学位教育在有些院校的培养目标定位还是不够明确。归纳起来普遍存在以下几个方面现象。

第一，教育硕士主要是培养面向基础教育教学和管理工作需要的高层次人才，有人认为，它是为培养中小学校长而设立的，是培养高层次的管理专门人才。特别是在教育硕士试办初期尤为明显，有些学校明确规定教育硕士专业学位中的教育管理方向则培养具有科学管理能力的校长。并且，校长能够享有优质资源，高校为了招到更多的生源，带来更大的效益，有些高校就干脆办成校长班。

第二，有的认为教育硕士是培养教育家的，教育硕士培养单位理应成为教育家的摇篮。因此，使得大多数中小学教师望而生畏。

第三，有人认为教育硕士是培养名师的，绝大多数教育工作者认为自己难以到达名师的高度，因此放弃了教育硕士的学习。

第四，更有不少人将教育硕士等同于学术性的教育学硕士，认为只招收教育学专业学生，并且在设定的统考科目也侧重于考察教育学、心理学，使得其他专业很难招到合适的生源。加上宣传的不到位，其他学科或专业的教师也不清楚或不知道教育硕士培养目标或意图是什么，所以，就不愿意攻读教育硕士学位。

据国内某知名网站的一份在线调查显示，大学生对教育硕士专业学位的认可度不到三成。在面对专业硕士和学术硕士的选择时，考生普遍"纠结"。有很多考生和家长认为专业硕士教学模式不成熟，含金量不高，将来就业时可能不受用人单位的欢迎。存在以上现象，主要原因是，教育硕士目标定位太含糊、太宽泛。所以，造成人们认识出现较大的误区。

（二）偏差与误区之二：培养模式五花八门，政策把握出现偏差

从1996年至今，我国相继颁布了多项有关教育硕士培养的政策，逐渐形成了多样化的培养模式。目前，不同培养模式下的招收对象、招收方式、培养过程、证书和学制等方面都不尽统一，具体归纳起来有五种培养模式。

第一，在职人员攻读教育硕士的培养模式。其招收方式采取组织推荐、全国联考和招生单位自主命题相结合的形式；考试时间为每年的10月，培养过程以半脱产和在职兼读为主；学习年限2—4年，但在校累计学习时间不得少于1年；对课程考试合格、取得规定学分和学位论文答辩通过者，授予教育硕士专业学位证书——

"单证"。[1]

第二,农村学校教育硕士师资培养模式。农村学校教育硕士师资培养模式是国家为提高农村教师队伍整体素质、解决农村高素质教师匮乏问题而提出的一种模式,也是政策调整最为频繁的一种模式。从2004—2009年共调整了四次。免试推荐部分优秀应届本科生为"农村教育硕士生",同时作为正式教师在县镇及以下农村学校任教。头三年边工作、边学习,通过现代远程教育、寒暑假集中面授等方式学习研究生基础课程。第四年再到高校脱产集中一年学习核心课程,并完成教育硕士论文答辩,毕业时同时获得"两证":硕士研究生毕业证书和教育硕士专业学位证书。[2]

第三,全日制教育硕士培养模式。在以往经验基础上,国家决定自2009年起扩大招收以应届本科毕业生为主的全日制硕士专业学位研究生规模,由此形成了全日制教育硕士培养模式。招收方式以推荐免试、全国统考和自主命题相结合;考试时间与全国硕士研究生考试时间一致,培养期限一般为两年;毕业并论文答辩合格者获"两证"。[3]

第四,免费师范生攻读教育硕士的培养模式。师范生免费教育是国家为吸引优秀青年长期从教、终身从教而做出的重大战略决策。免费师范毕业生到中小学任教满一学期后,可申请免试在职攻读教育硕士专业学位,经任教学校考核合格,部属师范大学根据工作考核结果、本科学习成绩和综合表现考核录取。一般采取在职学习方式,学习年限一般为2—3年,实行学分制。课程学习主要通过远程教育和寒暑假集中面授方式进行。在职攻读教育硕士专业学位的免费师范毕业生修满规定课程学分,通过论文答辩,经学校学位评定委员会审核批准,授予教育硕士专业学位,并颁发硕士研究生毕业证书。[4]

第五,"特岗教师"教育硕士。为解决农村地区师资紧缺、结构性失衡问题,2006年,教育部、财政部、人事部、中央编办联合印发《关于实施农村义务教育阶段学校教师特设岗位计划的通知》,由中央财政支持,公开招聘高校毕业生到西部地区"两基"攻坚县农村学校任教。2009年,实施范围扩大到中西部地区的国家扶贫开发工作重点县。为了更好的促进特岗教师的职业成长,教育部四部委决定在符合相应条件要求的特岗教师中,按规定推荐免试攻读教育硕士,他们采取在职学习的方式,学习年限按培养学校在职人员攻读教育硕士专业学位培养方案执行。通过学位论文答辩者授予教育硕士专业学位证书。

由于培养模式的多样化,有些问题也就日益凸显出来。例如,不同培养模式明显存在政策的不公平现象,同是教育硕士,为什么有的培养模式可以发"双证",而有的只能发"单证"? 为什么有的培养模式可以通过推荐免试入学而有的就必须统一考试? 教育硕士不同培养模式间的政策差异短期内若难以消除,将来不可避免会带来很多问题。又比如,不同培养模式间的学制存在差别,对培养过程的要求也不一样,那么如何保证教育硕士专业学位的质量和品牌声誉? 教育硕士是否就是一种大学毕业生到农村工作几年后的一种补偿,甚或施舍? 是否就是为了缓解大学生就业难而采取的一种临时应急措施？还比如，目前模式较杂，而且不同模式之间缺乏有机联系，那么如何才能让公众更方便地理解政策内涵？相信除了一些政策制定者和研究生工作管理者外，师范生或中小学教师中很少有人知道到底有几条途径可以攻读教育硕士专业学位等。

在培养模式多样化的进程中，培养模式繁杂，让人眼花缭乱。对学生本人来说很多人根本不知道教育硕士有如此多的培养模式，有的甚至不知道自己要选择哪种模式或者自己在读的是哪一种模式。对培养人才的高校来说，有些学校也没有认真对不同的教育硕士培养模式加以区分，有针对性的量身打造适合不同学习对象的人才培养课程体系。而只是简单的理解为教学时数和授课地点不同而已。对任课教师来说，在采取教学方法和手段上也不尽相同。这对教育硕士招生的生源、培养质量、今后的发展都会带来不可估量的负面影响。

（三）偏差与误区之三：人才培养体系不完善，导致培养过程针对性的偏差

教育硕士作为一种新规格的专业化、实践性、职业型教育人才培养，已成为我国培养规模最大的专业学位教育类型之一。其培养过程、培养模式与规格、培养的途径和方式等方面不仅需要新的课程体系，更需要全新的教学智慧、方法和手段。它是一个综合性的系统工程。

但目前很多高校没有把教育硕士培养作为一个全新的培养类型进行全方位系统建设，而是在原有的学术型研究生培养方式上简单的降低学术标准予以对待。因此在教育硕士培养过程中存在不少的问题，例如，教育硕士的课程设置和教学方法不合理——必修课程（含学位课程和专业必修课）比重过大，选修课的比重太小，课程结构失衡。课程缺乏延伸拓展，内容结构不太合理——实践课程内容欠缺，选修课程弹性不足。教学中重理论知识传授、轻实践能力培养——教学方式比较单一，缺乏多样化的方式，缺乏探索特色方式，案例教学蜻蜓点水。任课教师的问题意识和实践素养不能充分满足培养对象的要求——专业师资队伍缺乏，指导不能满足需求，有些学校草率聘请校外教师进行指导，缺乏专业教师指导，师资与要求有差距，指导数量过多影响质量，学生与导师交流少。从培养时间和过程上看——由于教育硕士专业学位教育只有两年，对于在职学习的学生来说，要么没有时间静心进行系统的理论学习和研究，集中学习培养方式，培养效果不尽如意。要么没有时间得到老师充分的指导，从全国高校看，普遍存在导师对教育硕士专业学位研究生培养指导不够的问题；对于全日制学习的学生来说，理论与实践严重脱节，实践实训环节过少，有些学校根本就没有安排实践、实训，甚至连实习基地都没有建立等。

总之，教育硕士的培养在高校没有形成独特的体系，培养过程没有针对性，在培养过程中有一种匆匆忙忙感觉。在培养资源上教育硕士资源投入也不够。所以，教育硕士在培养质量上不尽人意。

二、如何克服教育硕士培养过程中的偏差与误区

（一）切实做好教育硕士人才培养的目标定位

教育硕士专业学位教育是面向基础教育的全体教学和管理人员的职业性、专业化、实践型的一种人才培养方式。它是为了基础教育的教师和管理人员在教育现代化进程中，能提升自己综合素养的平台和使自己专业提升、发展的重要途径。更是基础教育的师资队伍建设中专家型名师的培养和教育家办学的必经之路。因此，它不是基础教育中教学和管理人员的精英教育，更不是校长所享有的特种教育。因此，教育硕士培养目标的定位和明确化，对教育硕士发展方向和培养路径具有重要意义。所以，笔者认为，教育硕士专业学位是具有特定教育职业背景的专业性学位，主要培养面向基础教育教学和管理工作需要的高层次专门人才。教育硕士专业学位教育以其独有的职业性、复合性和应用性的特征，开展教育硕士专业学位教育工作，是对基础教育教学和管理人员实施正规、系统、高水平的学位教育，旨在加强基础教育骨干教师队伍的建设，培养和造就一批政治、业务水平较高的应用型、高素质的创新人才，不断优化基础教育师资队伍结构。

（二）大胆创新教育硕士培养模式

教育硕士学员除全日制教育硕士外，大多是由在职中小学教师和教育管理干部组成的特殊的学习群体，他们具有需求广、时间紧、差异大等特点，单一、固定的培养方式很难满足他们的多种多样的需求。此外，与全日制在校学生相比，在职教育硕士学员面临着突出的"工学矛盾"，难以抽取大量的独立时间进行系统学习。面对这些现实问题，我们应打破原有的培养方式，探索多样化的切实可行的培养模式。如，采取弹性学分制，打通教育硕士培养单位的自我保护壁垒，允许学员自由在培养单位间选课，校际间互认学分，一方面，可以鼓励培养单位选派和选送更为优秀的师资和教学资源，另一方面也解决了学员工学矛盾；进一步开发和共享大量优质教育资源，支持教育硕士的远程学习；与地方政府联手打造教育硕士数字化学习港，将实地学习与网络虚拟课堂有机结合；实行真正意义上的双导师制，为每位学员配备符合自身职业发展的导师团——工作学校里的经过严格筛选的优秀教师和理论深厚的高校教师，平时的工作中接受有着丰富一线教学和教育经验的优秀教师的指导，理论学习时系统掌握先进的教学理念和创新的教学方式，有利于课堂教学与先进教学理论的融合渗透；考核方式与实际工作紧密结合，重点考察学员运用所学的理论和方法解决学科教学或教育管理实践中存在的实际问题的能力，学位论文的撰写也应侧重于实际问题的解决；有条件的培养单位可以更加与师资紧缺的地方政府开展协同创新，创办教师教育创新与服务综合改革实验区，在短时间内解决师资紧缺难题的同时，系统打造教育硕士培养基地。我们可喜地看到华中师范大学在免费师范生教育硕士培养上已经探索了一条与地方政府合作，实现双赢的教育硕士培养之路。

（三）完善人才培养体系，进行培养过程的流程再造

要提高教育硕士专业学位研究生教育的质量，它是一个综合性的系统工程，改进的关键是用终身教育、终身学习的理念统率、再造和优化整个培养流程。在知识经济的今天，终身学习已经成为了一种现代人的工作和生活需求，教育硕士，特别是在职教育硕士的培养就是边工作边学习，带着工作中的问题来学习的终身学习的佐证。

作为培养教育战线的应用型专业技术人员的教育硕士培养流程要与学术性的教育学硕士培养流程有本质的不同，因此，需要对其进行革命性的再造和优化。在培养流程再造过程中，需要处理好几个关键点：学员、市场和信息共享。上述谈到的五种培养模式中，适用的对象各有不同，他们的具体工作环境和工作性质也不尽相同，当然工作中需要解决的问题轻重缓急也各有侧重，因此，教育硕士培养单位应加大对学员的学习需求的调研，并在此基础上，因人而异，设计和开发出适合各种培养模式的课程体系、学习方式和考核形式等人才培养体系；同时，我们的培养单位还应主动面对市场，加大对当前的一线基础教育的深入了解和研究，鼓励教育理论方面有着较深造诣的老师走出校园，走进基础教育，接地气，将理论与实践有机结合，培养出更多面向基础教育教学和管理工作需要的高层次人才；在培养流程再造中，我们还应充分发挥科学技术力量，通过信息平台的搭建，快捷准确高效掌握各种信息，实现信息共享和互通，尽量减少因信息沟通不畅而造成的人才培养质量打折现象。只有充分考虑学生个体差异、市场需要和信息共享，才能建立科学可行的适应教育发展和改革进程的教育硕士人才培养体系。

参考文献：

[1]别敦荣,赵映川,闫建璋.专业学位概念释义及其定位[J].高等教育研究,2009(6).

[2]洪成文.教育硕士专业学位教育比较研究[A].全国教育硕士专业学位教育指导委员会.教育硕士专业学位建设的理论与实践[C].北京:人民教育出版社,2007:304.

[3]傅松涛,等.中美教育硕士专业学位研究生教育比较研究[J].学位与研究生教育,2004(4).

[4]刘建银.我国教育硕士培养模式多样化问题的政策思考[J].学位与研究生教育2011,(1).

[5]顾明远.教育硕士专业学位十年的思考与建议[J].教师教育研究,2008(3).

[6]陈科.教育硕士培养中的问题与对策[J].西北成人教育学报,2005(4).

[7]徐今雅.美国第三种教师培养模式研究_以波士顿驻校教师计划为例[J].教师教育研究,2011(11)

[8]张晓春.基于企业再造理论的人才培养流程的思考[J].企业管理,2009(12).

关于教育硕士培养中实践教学的几点思考

胡田庚

（华中师范大学马克思主义学院）

摘要：教育硕士着眼于培养理论与实践相结合的高素质中学教师和教育教学管理人员，必须强调实践性教学环节，关注学生教育教学实践能力的提高。为此，在教育硕士的培养中，要注意构建理论与实践相结合的课程体系，探讨集中与分断相结合的专业实践模式，实行讲授与交流相结合的教学方式，建设校内与校外相结合的实践教学资源。

关键词：教育硕士；实践教学；思考

近年来，随着我国硕士研究生教育从以培养学术型人才为主向以培养应用型人才为主转变，我国专业学位研究生教育得到了较大的发展。根据教育硕士专业学位研究生培养的目标和要求，我们在教育硕士培养中，强调实践性教学环节，关注学生教育教学实践能力的培养，在实践教学方面进行了一些自己的探索，不仅构建了理论与实践相结合的课程体系，而且形成了分段与集中相结合、见习与实习相结合、校内与校外相结合、模拟与实战相结合的系统化实践教学模式。

一、构建理论与实践相结合的课程体系

与侧重于理论研究、注重学术研究能力的科学学位研究生教育不同，专业硕士学位教育侧重于培养理论与实践相结合的高素质应用型人才，教育硕士专业学位教育是侧重培养掌握现代教育理论、具有较强教育教学实践和研究能力的高素质中学教师和教育教学管理人员。人才的培养需要通过课程来实现，既然专业学位要培养理论与实践相结合的应用型人才，相应地就需要构建理论与实践相结合的课程体系，精心设计课程内容。

在设计教育硕士课程体系和课程内容时，我们以专业化、现代化、国际化为基本依据，突出实践性课程在课程体系中的地位。

所谓专业化，就是指符合教师的专业特点和专业化发展的要求。教师专业发展的思想在西方源于 20 世纪 60 年代，现在已成为世界教师教育的发展潮流，有关国际组织和各国政府都把它作为教育改革和发展的重要目标，积极推进教师专业化的进程。适应教师专业化的发展，需要有专门的教师教育专业标准。近年来，我国相继颁布了《教师教育课程标准》和《教师教育专业标准》，对中小学教师以及教

师的培养提出多方面的新标准和新要求,其中实践性要求受到特别关注。例如,《教师教育课程标准》明确提出了"实践取向"的基本理念,强调"教师是反思性实践者,要在研究自身经验和改进教育教学行为的过程中实现专业发展"。《中学教师专业标准(试行)》在基本理念中也强调"能力为重",要求"把学科知识、教育理论与教育实践有机结合,突出教书育人实践能力;研究中学生,遵循中学生成长规律,提升教育教学专业化水平;坚持实践、反思,再实践、再反思,不断提高专业能力"。应该说,教师专业化是世界教育发展的潮流,教师教育标准是培养合格教师的标杆,具有导向性、约束性和规范性,应该成为我们设计与实施教育硕士课程首要的、基本的依据。

所谓现代化,就是指符合基础教育改革发展的要求。随着基础教育改革的发展,中小学教学有了很多新的特点和变化,对教师也提出了很多新的要求。例如,基础教育改革的发展强调要转变学习方式,倡导研究性学习、合作学习,要求教师具有相应的指导技能,能够指导学生发现和确立研究课题,通过观察、实验、调查等收集信息资料,培养学生自主学习、主动探索问题、创造性地运用知识解决问题的习惯和能力;基础教育改革强调师生关系的平等,带来师生关系的新变化,要求教师要具有倾听技能、沟通技能、合作技能;基础教育改革提出学科综合、教学开放,学科综合突破了过去的学科界限,使教师体会到相关知识的缺乏,教学开放打破了教师教学设计的传统做法,面对学生多样的问题和活跃的思维,教师会感受到前所未有的压力,这要求教师有更强的自我发展能力,等等。基础教育改革中体现出来的教师专业发展的新要求和新特点,应该成为教育硕士课程设计的重要基点。

所谓国际化,就是指符合世界教师教育发展的潮流。突出职业能力的训练与发展是各国教师教育的共同趋势,表现在课程体系上,就是充实教育教学技能和实践课。如英国在"教师职前培训改革"中,突出了教师职业技能培养,提出教师应具备的27种职业技能及建立教师技能档案,并开设了教学技能课;美国有些学者主张师范教育课程改革一体化,强调教育理论课、学科专业课、学科教学法及临床实践之间的内在联系。我们现在招收的教育硕士,有相当一部分本科并非学习教师教育专业,缺乏教师职业能力的训练。因此,充实教育教学技能和实践课,加强教师职业能力的训练和发展,值得我们在构建教育硕士课程体系时加以重视。

强调理论与实践的结合,强化实践性课程,我们主要通过以下两个途径落实。第一,在课程门类上,设置实践性课程。包括教育教学实习、教育教学见习、学科教学技能训练等。例如,教育教学实习就是最典型的实践性课程,内容包括学科教学实习、班级管理实习、学科教育教学调查与研究等。第二,在课程内容上,强化实践性内容。教育硕士每一门课程的内容,都要加强理论与实践的结合。例如,《学科课程与教材分析》《学科教学设计与案例分析》等,都要既着眼于学科理论前沿的介绍,也关注基础教育教学改革实践的发展;既注重理论的论证,形成规律性认识,也着力于经验的描述,使教育教学方法具体典型。

二、探讨集中与分断相结合的专业实践模式

专业实践是为配合理论教学,加强专业训练,锻炼和培养学生专业实践能力而设置的教学环节。我们在教育硕士的专业实践上,采取集中实践与分断实践相结合的方式进行。

分断实践主要在学生脱产学习阶段进行,包括集中见习与分散交流两个部分。第一部分,集中见习。组织不少于两次集中的教育教学见习活动,到中学进行教学观摩,与中学教师进行交流。活动结束后,学生提交见习体会。第二部分,分散交流。聘请部分有丰富经验的中学教师为专业实践环节指导教师,每位指导教师指导2—4位学生。学生定期地到指导教师所在的中学,了解中学实际情况,与指导教师交流,向指导教师学习。活动前,每位研究生必须制定较为详细的实践活动计划,对自己专业实践活动的内容、进程、方法等进行设计;活动中,学生必须做好实践活动记录;活动结束后要进行系统总结,提交总结报告,并进行相互交流。

集中实践主要安排在脱产学习以后进行,要求学生回到中学进行不少于一学期的教育教学实践,内容包括教学实习、班级管理实习、教育教学调查与研究等。一方面,把集中学习阶段所学的有关理论和思想运用于教学实践,另一方面,在教育教学实践中进行教学研究,并结合教学实践撰写学位论文。附教育硕士专业实践系统化方案以供参考,见表1所示。

表1　教育硕士专业实践系统化方案

实践方式		实践目的	实践要求	实践内容和方法
分段实践	集中见习	了解中学教育的现状、课堂教学常规、教学活动进程、中学生的特点等。	写出听课记录、见习体会。	观摩中学教师的说课、讲课、评课;观摩班级管理活动;与中学教师、学生进行对话和交流等。
	分散交流	学习和总结中学教师的教学经验;提升教育教学能力;开展教育教学研究。	活动前有计划;活动中有记录;活动后有总结。	聘请有丰富经验的中学教师为指导教师,学生定期去指导教师所在的中学,与指导教师交流,参与指导教师的教育教学和研究活动。
集中实践	教学实习	掌握教学技巧,提升教学能力。	圆满完成教学任务;形成一定的教学体会或感悟。	开展教学设计、课堂教学、课后辅导、试卷评阅等各种教学实践活动;进行一定的教学改革实验等。
	班级管理实习	学习和实践班级管理的内容和方法。	进行一定时间的班主任工作实习,形成一定的班主任工作体会或感悟。	设计班主任工作计划,开展班级管理、学生个别教育等活动。
	教育教学调查	了解中学教育教学改革的现状,提升教育教学研究能力。	写出教育教学调查报告或教学改革实验报告等。	选取某一教育教学课题,进行相关的调查研究,开展教育教学研究活动。

三、实行讲授与交流相结合的教学方式

长期以来,我国的教师教育更多的是采取封闭式、灌输式的方式进行。这种培养模式的典型特点是以学科知识为中心,以课堂为中心,以教师为中心。教师按照预先确定的课程计划,对学生进行学科知识的传授,教学内容多限于理论知识,教学地点多集中在课堂,教学形式更多的是理论讲授。这种灌输式培养模式与基础教育的实践脱节,难以激发学生的学习热情,难以调动学生的学习积极性,针对性不强,难免效果差。

我国新颁布的《教师教育课程标准》明确指出:"教师教育课程应强化实践意识,关注现实问题,体现教育改革与发展对教师的要求。教师教育课程应引导未来教师参与和研究基础教育改革,主动建构教育知识,发展实践能力;引导未来教师发现和解决实际问题,创新教育教学模式,形成个人的教学风格和实践智慧。"教育硕士作为培养高素质中学教师的重要途径,在相关课程的教学中,自然要体现这样的要求,跟进教育改革的步伐,倡导学生积极参与、师生合作互动的开放式教学方式。在教学中,教师引导、组织学生在活动中表现、体验、反思,使教师和学生在充分沟通的基础上建立平等的合作关系,搭建教师与学生合作对话的平台,实现教师与学生的合作与互动。这种学生积极参与、师生合作与互动的开放式教学方式多种多样,其中以下几种值得研究和借鉴。

第一,问题探究式。即在教学过程中,围绕一定的问题或课题,引导学生查阅有关资料,了解有关信息,积极思考,自主探究,最终获得问题的解决。

第二,案例分析式。即教学基于的案例展开,教师根据教学内容,选择一定的典型案例,引导学生通过对范例的分析研究,掌握相关知识,发展相关能力。

第三,专题研讨式。即教师针对教学内容中某个方面的问题,先陈述问题以及有关此问题的信息综合,然后让学生之间展开讨论,相互启发,共同提高。

第四,实践活动式。实践是认识的源泉,是认识发展的动力。生活知识和经验需要在课堂上的学习,更需要在实践中去领悟和应用。因此,结合课程内容,组织开展一定的实践活动,如教育见习活动、模拟教学实践活动、教学方案的设计与交流活动等,都是可行的。

四、建设校内与校外相结合的实践教学资源

促进大学与中小学的结合,变单纯的高校培养为高校和中小学共同培养,这是当今国际教师教育发展的重要趋势。我国长期以来教师教育一个突出的问题,就是脱离基础教育特别是中小学课程改革的实际,使得教师教育改革难以深入。脱离基础教育改革的教师培养模式是不能适应教育发展要求的,即使是具有学科优势的大学,如果不了解中小学改革,也难以胜任培养教师的任务。因此,教师教育

一定要坚持为基础教育服务的方向,与中小学校密切合作,与中小学教育教学实践密切结合。

由此出发,我们在教育硕士的培养中,着力开发、整合、利用教师教育的有效资源,尤其是基础教育领域的相关活动资源,形成教师教育的合力,共同发挥教育硕士培养的作用。在校外活动资源的建设上,我们重点从以下几方面展开。

第一,建立稳定的实践基地。为了配合教育硕士专业实践活动的开展,我们与华师一附中、武汉第十五中学、东湖高中、武汉中学等众多重点中学联系,建立了一批教育教学实践基地和教育教学研究基地,为学生开展教育教学见习与实习、教育调查与教学研究等活动提供基础和条件。

第二,建设高素质的校外导师队伍。导师是学生进行教育教学实践活动必不可少的人力资源。为了有效指导教育硕士的教育教学实践活动,我们从基础教育一线聘请了一批有丰富教育教学经验和学术造诣的特级教师、高级教师作为校外导师,共同参与教育硕士的培养,尤其是进行教育教学实践方面的组织和指导。

把关学位论文是提高教育硕士培养质量的重中之重

——关于教育硕士培养相关问题的思考

邹建军

（华中师范大学文学院）

内容提要：提高教育硕士的培养质量是摆在我们面前的重要任务，而把关硕士论文质量则是其中的重中之重。如何把关？本文首先指出了教育硕士与教育博士的关系问题，同时，认为应该从以下六个方面加强工作：第一，指导教师要重视与教育硕士的第一次约谈；第二，对教育硕士学位论文的选题与材料要有特定的要求；第三，对教育硕士论文的最大要求是要突出研究的问题；第四，教育硕士学位论文要有实地考察与问卷调查所得的材料作为支撑；第五，教育硕士学位论文必须更加注重学术规范；第六，要特别注重论文答辩环节。学位论文的质量得到了保证，教育硕士培养的质量就会得到实质性的提高。

关键词：教育硕士；培养质量；学位论文；把关；特殊性

教育硕士培养质量的确是一个值得关注与讨论的问题，特别是作为师范大学的相关专业的教师与相关部门。教育硕士作为国家单列的专业硕士学位的重要一类，其数量之大、任务之重、要求之高，也许在新中国的教育史上是前所未有的。最重要的是我们在近几年教育硕士的培养方面，积累了一些宝贵的经验，同时也出现了不少的问题。本文拟讨论教育硕士学位论文写作中，导师在哪些方面进行把关及其所具有的重要意义。

首先讨论一下教育硕士与教育博士的关系问题。教育硕士作为专业硕士之一是有必要存在的，并且相当重要。随着中国教育事业的发展，特别是中小学教育事业九年义务教育的普及，以后还需要发展为 12 年义务教育，需要大量高学位与高水平的教师，所以，作为加强中小学教师队伍建设的重大举措之一，在统招科学学位研究生之外，单列并扩招专业教育硕士，从目前来看是有必要的，并且也是十分重要的。一是现有的教师队伍里具有硕士学位的教师所占的比重很少，根据我所了解的情况，内地中学教师中具有硕士学位的不到 10%，深圳与沿海发达地区重点中学也只占到了 30% 左右，这样的情况，与我国教师队伍建设的目标相比，还是存在比较大的差距；二是国家推行的免费师范生教育，从去年开始有了第一批毕业生，他们根据国家的需要，直接到了中小学从事教育工作，然而，他们的学业是不是就到此为止了呢？不是的。所以，开办教育硕士可以让他们安心教学，又可以解决以后学位提高的问题。教育硕士作为国家现有重要专业学位之一，其存在与发展，自然有它的合理性。然而，"教育博士"一项专门列出，其实并不具有很大的意义。因为教育学是一门专业，它对于博士学位的要求与教育学专业，以及其他相关专业的要求，是完全一致的，我们实在是不能降低教育专业方面的要求，不然会被认为是教育腐败的一种表现。可以看一看自教育博士专业开办以来，都是哪些人读上了博士，他们的学位论文水平如何，就可以明了。如果不是将教育当成一门专业而进行研究，而只是作为行政人员解决学位问题的一种途径，这样的政策本身就大错而特错了。按国家的政策，现在博士生招生指标如此紧张，一个学校里的教育博士数量相当于一个学院所有专业招生数量，而招收所谓的"教育博士"，无论从哪个方面来说，都是没有必要的，也是没有实际意义的。少数民族计划的博士招生，从性质上来说也是存在问题的，如果达不到博士培养水平，可能会败坏了我国的博士培养声誉，在国际教育界与学术界影响自己的学术地位。表面上看起来，教育硕士与教育博士两者没有任何关系，其实是密切相关的问题。教育硕士培养存在问题，教育博士专业存在更大的问题，前者是质量的问题，后者是体制与形象的问题。

教育硕士培养的关键，在于把关学位论文的写作与答辩。教育硕士虽然有自己的培养方案，然而在执行的过程中，往往存在许多具体的问题，主因在于他们大部分是教育战线的在职人员，平时需要完成自己的本职工作，只有在两个假期或者在"五一"、"十一"长假中，才有时间进行专业课程的学习，其效果可想而知。前几年的教育硕士，虽然需要在校学习一年，然而与统招科学学位的硕士三年在校时间相比，其过程与效果还是具有相当的差距。如果你没有相当的时间与精力投入，要想实现学校培养方案所列举的要求，实在是不可能如愿的一件事。教育硕士在校一年学习期间，多数专业都没有分配导师，因为没有及时分配导师，就谈不上进行了任何必要的指导；即使分配了导师，导师的指导也远远没有像指导三年制的研究生那样尽必，那样到位。因此，他们正常学习的时间比较短，导师指导也不是很到位，教育硕士的培养质量，无疑存在巨大的隐忧。当然，在这个方面，有的专业好一些，而有些专业则差一些，不可一概而论。

那么，如何才能解决这个问题，让教育硕士与统招研究生的学术水平差距不是不大？最关键的在于学位论文写作与答辩的把关。如果能够把关，不让其水平无限降低，那我国研究生教育的水平就不至于有太大的下滑，以至于让外国学者瞧不起，而发出种种怪论。如何指导教育硕士的学位论文，根据我最近几年的指导实践，还是有一些体会，有一些想法，在此特提出来与同行们讨论，请大家多多批评。我以为，应该注重以下六个方面的问题。

第一，与教育硕士的第一次约谈是十分重要的。根据现有的情况，导师与教育硕士见面的机会比较少，因为第一年不分导师，第二年主要时间在工作单位上，基本上是不来校从事研究了，导师如何与学生见面呢？如果导师不能与学生见面，那导师又如何对其论文写作进行指导呢？也许有的老师会说，我可以通过电子邮件方式进行联系。那么，请问，如果可以采用电邮方式进行联系，那他读的不就是网络研究生了吗？正如我们所知道的那样，网络交流与在场交流是完全不一样的，我们的大学生与研究生为什么要上课？我们的相关部门为什么要开会？就是因为直接地、面对面地进行学术与问题讨论，与网络交流存在巨大的区别，并不完全是交流形式上的区别。因此，在教育硕士的指导工作中，如果没有三次左右的当面对话，硕士论文的质量是没有办法保障的。而在这个过程当中，第一次的约谈则显得特别重要。导师可以通过此种途径，把对于教育硕士的要求特别是在论文写作上的要求，讲得相当清楚而明确，包括题目、问题、篇幅、规范、质量等方面，按自己的理解向学生讲得全面充分，以引起他们的特别注意，不要让他们认为可以随便混一个硕士学位，而不需要做出基本的努力。为什么这会成为一个问题呢？因为按照某些人的理解，包括一些学生与导师，教育硕士就是国家为教师开了一个口子，让他们有机会比较轻松地拿到一个硕士学位，以便更好地从事教育工作。这样的认识准不准确呢？我认为不准确，因为一个国家对于相关的学位具有统一性要求，并且要与国际接轨。如果我们真的按照一个教学实践的个案、一个上课用的教案、一种实验数据分析等，可以作为教育硕士学位论文进行答辩而通过，那如何可以证明教育硕士学位论文质量与学术水平呢？所以，与统招研究生学位论文基本相似的论文要求，并不是苛求教育硕士，而是对他们的未来负责、对国家教育事业的未来负责、对中华民族的前景负责。

第二，对教育硕士学位论文的选题与材料，要有特定的要求。什么样的题目适合于做教育硕士的学位论文？与他们所从事的工作相关的题目，自然是比较合适的。我们是中国语言文学系，因此我们指导的论文还是要与我们的专业有关系，如果我们指导外语的、地理的、数学的、历史方面的题目，虽然也许与中小学教育相关，也是不合适的：一是与学生的工作无关，他们花费再大的努力也无法完成这样的题目；二是我们导师对于这个方面的情况与相关学术研究不熟悉，没有这个方面的指导实力。因此，让他们选择与中小学语文教育相关的题目是比较合适的：一是教材存在的问题，二是教学存在的问题，三是学生阅读存在的问题，四是语文课外学习存在的问题，五是语文教育观念与小学语文教育体制存在的问题，六是小学、初中、高中与大学本科语文教育的衔接问题。那么，与此相适应，是什么方面的题目就需要什么方面的材料，不能脱节，这样我们才有特定的研究对象。不论是教学还是阅读，我们所研究的对象与问题总是要有小学、初中、高中、大学这样的阶段性划分；无论如何划分，总还是要与特定的语文教材相关，阅读、课外学习方面的题目,也都是如此。以上六个方面的研究,当然是对特定对象的研究,而不能没有自己的限制。学位论文都是专业性的,不可能研究所有的方面,只可以研究某一个方面的现象,以及存在的问题。

第三,对教育硕士论文的最大要求,是要突出自己所研究的问题。科学学位论文可以提出与解决一些理论性、基础性的问题,与现实的生活与现实的需要离得比较远的问题,甚至是与现实生活与工作没有任何关系的问题,只要有探讨的价值,都可以作为选题。然而,教育硕士作为专业学位的一种,应该更加注重研究与教育相关的现实问题,能够提出与回答一些新的问题,我们必须直面与解决的问题。然而,无论是什么样的题目,都应该突出"问题"。也就是说,我们所讨论的是不是一个问题,能不能够成为一个问题? 也许有的人认为只要是一种现象,只要是成为了研究的对象,似乎就是一个问题,可以进行讨论了,非也。你研究的必须是一个问题,才可以成为讨论的对象。例如,小学语文教材里诗歌作品选目不当的问题,高中语文教材里古文篇目过多的问题,中学语文教学与小学语文教学之间的衔接问题,初中学生课外阅读教材的编选问题,大学语文教材与高中语文教材内容的重叠问题等等,它们每一个都可以成为一个问题,并且具有很强的现实意义。你是不是发现了某个突出的问题? 你的问题是从哪里开始的? 是从自己的教学实践中来的? 还是从杂志文章与教材书本里来的? 这个问题,从前有没有学者提出过与探讨过? 你的见解之深度与高度是不是超过了从前的学者? 所有这样一些方面,都是需要考虑的。如果没有发现新的问题,或者是对旧的问题没有新的见解,那就没有必要写作论文,更不要说学位论文了。对于教育硕士学位论文来说,问题意识的有无是成功的关键。

第四,教育硕士学位论文要有实地考察与问卷调查所得的材料作为支撑。与其他学位论文一样,教育硕士论文也需要做一些文献调查,在中国学术期刊网做基本文献查阅,了解此课题研究前沿,其他方面的资料,包括各级教科所的内部文件,也是需要收集与整理的。然而,更重要的是对自己所在学校与班级的问卷调查,主要是对于学生群体、教师群体、家长群体与社会群体的调查,第一手资料如果真实的话,本身就是相当可靠的,它们对于学位论文的展开与讨论,是十分宝贵的。我曾经指导过中职语文教育方面的题目,它与中小学不一样,就以作者自己所在的宜昌卫校语文教育情况为例,发现了一些重要的问题,经过自己的思考,提出了基本的解决方案。同时,我也指导过一篇中小学语文教材衔接问题的题目,就以作者所在人大附属西山中学语文教学为例进行讨论,作者经过自己的努力,终于写出了一篇较为优秀的学位论文。所以,如果教育硕士根据自己的教学与研究情况,在多年教学经验的基础上提出问题进行探讨,是顺理成章并且水到渠成的一种选择。如果没有自己多年积累的经验作为基础与前提,只是研究前人研究了多少次的现象与问题,其意义与价值就不会很大,甚至相当有限。

第五,教育硕士学位论文必须注重学术规范。学术规范是对所有学位论文的要求,然而对于教育硕士而言,特别重要。主要是基于两个方面的考虑:一是现有的教育硕士论文并不规范,与导师、学生对此问题的认识不足,存在很大的关系;二是教育硕士绝大多数都从事教书育人的工作,如果自己都没有经受正规的教育,对于学术规范有正确而到位的认识,他就无法对自己的学生做出同样的要求。其实所谓学术规范,并不像有的人听起来的显得那么高深莫测,其主要内容表现在三个方面:一个是学术论文的项目要齐全;二是对各个项目要有特定要求;三是所有的引文要注明来源,可以还原。作为学术论文中最严格的一种,学位论文要有标题、内容提要、关键词、引论、正文三章以上、结语、后记、注解、参考文献,一项也不能少。每一个项目都要有自己的特定要求,比如说"内容提要"要有 1200 字左右,其中不作自我评价,不与论文的题目与标题相重复,将论文的主要观点客观地进行表述,要有与此相适应的英文翻译。最重要的学术规范,是要将论文的所有引文注明出处,凡是前人的论文和科研成果里的东西,包括调查报告、内部文献、报刊文章、图表、文学作品、艺术作品等等,都需要注明其详细出处,并且能够一样不少地进行还原,如果我们愿意的话。自己调查所得,也需要注明时间、地点、范围,以及需要说明有关的情况。如果能够做到言必有据,"文章不写一句空",那么就不可能构成抄袭与剽窃行为,而存在受到控告的可能性。从前有的导师认为教育硕士与统招研究生不一样,因而放松了对于其论文规范的要求,造成学位论文质量的下降,并且还多次出现了重大的问题,以至于被抄袭者要告上法庭,极大地影响了学校与专业的声誉。其实,这样的想法与做法是没有道理的。所有的论文一经答辩,都要公开于网络,有的还会在正式的刊物上发表,如果我们导师把关不严,有可能造成严重的社会影响,从而影响学校与自己所在专业的声誉。因此,对于教育硕士的学位论文来说,学术规范的种种要求,是特别需要考究的。

第六,要特别注重论文答辩的环节。根据我们所了解的情况,有的专业对于教育硕士的论文答辩另眼相待,认为对于其论文的要求不能过高,同时对于其论文答辩的要求,也就相应放低,导致论文答辩流于形式,与全国统招的硕士学位论文答辩,完全不可同日而语。有的免掉了学生的陈述,有的免掉了导师对学生的介绍,有的只要求导师们问一个问题,学生只是简单地回答一下,就草草收场。其实,这是对学生的不负责任,同时也是对自己的专业不负责任,对自己所从事的工作不负责任。谁都知道,国务院学位委员会的相关文件,对于学位论文答辩的程序与要求,都有明文规定,然而到了教育硕士论文答辩的时候,似乎许多人都忘记了这样的规定,同时也是因为这些年答辩的学生较多,导师们在时间上与精力上有一些不够。然而,我们是不是可以以种种理由而放松对教育硕士论文答辩要求呢?我认为不能。原因在于以下三个方面：一是对于以后从事教育工作的学生要有特别的要求，这种要求不是降低而是要提高；二是所有的学位都是一样的，学士、硕士、博士等，一旦获得，在世界上都具有同等的效力，因此，对于每一位论文答辩者的要求，应该是同样的；三是学位的国际交流的问题。最近100年以来，中国到世界其他国家留学而获得学位的人数量较多，国家相关部门对于回国人员的学位，专门有一个认证机构，这就表明，不是说所有的外国高校发放的学位，国内都会承认，因此，如果我们不严格把关的话，国外也许就不会承认我们学校的学位，如果造成这种情况的话，对于我们自己是很大的损失，那我们还办什么"国际化"的大学、研究型的大学呢？

教育硕士是我国专业学位教育的重要方面，经过大家的共同努力，已经取得了明显的成绩，特别是作为重要师范大学之一的华中师范大学，不仅招生数量多，而且从总体上来说，培养质量与水平也是比较高的。本文所指出的问题，是在成功基础上所存在的问题，并不是否定我们的办学成就。并且，这样的问题只是作为学术问题进行探讨，并不是"鸡蛋里头挑骨头"，或者对某些学校某些专业有意见，完全不是这样的。之所以提出与讨论这样的问题，只是希望这样的问题能够引起大家的重视，让我们的教育硕士学位论文的水平，不会下降，反而会有更大的提高。

教育硕士培养目标与课程设置初探

李　云

（华中师范大学外国语学院）

　　摘要:本文介绍了教育硕士培养的概况,分析了目前教育硕士课程设置现状,提出了优化教育硕士课程设置的几点建议和做法,分析论证了师范大学,特别是国家重点师范大学在教育硕士培养过程中,如何发挥其教师教育的特色、搭建教育硕士专业学位培养的平台。

　　关键词:教育硕士:培养目标:课程设置

　　1996 年 4 月,经国务院学位委员会审议通过了《关于设置和试办教育硕士专业学位的报告》,从此拉开了我国教育硕士专业学位培养的序幕。1997 年起,教育部在国家部分重点师范大学开展了首批教育硕士专业学位培养工作的试点。

　　华中师范大学是教育部批准的首批教育硕士专业学位研究生培养单位之一,从 1997 年以来,我校已授予教育硕士专业学位 4300 余人;教育硕士招生专业涵盖了中小学的所有学科,可以为中小学教师提供专业对口的学习提高机会。其中"小学教育专业"是专门为小学教师而开设的。

　　经过 10 多年的教育硕士培养教育实践,我们在如何优化课程设置,发挥师范大学的优势,扩大招生规模和提高教育质量作了一点探讨。

一、全面认识教育硕士培养目标是课程设置的依据

　　教育硕士专业学位是以教师职业为背景的具有明确的实践性、职业专门性的硕士学位,主要培养面向基础教育教学及其管理工作需要的高层次人才;是对基础教育教学和管理人员实施正规、系统、高水平的学位教育;通过 2—4 年的学习,我们培养的教育硕士应达到以下的目标:一是热爱教师职业,具有良好的教师职业道德素质;二是能较好地掌握本学科的基础理论和系统的专业知识;三是具有较高的现代教育理论素养,能运用现代教育理论去分析解决实际问题;四是熟练掌握现代教育教学技术和方法;五是掌握教育科学研究的基本方法,具有较强的教育教学或教育管理的研究能力。六是能熟练地阅读教育专业的外文资料。

　　总之,开展教育硕士专业学位教育,是培养我国基础教育教学的学科带头人;是培养我国基础教育教学、管理和科学研究的骨干;是培养未来我国基础教育的大师和教育家。

二、目前教育硕士专业学位培养课程设置现状

根据教育部和国务院学位委员会有关文件精神,教育硕士专业学位的培养以课程学习为主;教育硕士的课程设置由三大类组成:即公共学位课程、专业必修课程和专业选修课程。以学科教学(语文、数学、英语)三个专业为例,公共学位课程和专业必修课程为 30 学分,占总学分的 88%;而专业选修课程只占总学分的12%。在公共学位课程和专业必修课程中,三个专业共同开设的课程占 21 学分,这部分课程主要由教育类课程组成,而侧重学员专业知识学习和提高的课程明显偏少,远不能满足学员对专业知识的渴求,学非所专的问题突出。

在与我校教育硕士学员的座谈调查中,有近 80% 的学员要求在课程设置中加大专业选修课程的比例。所以,在教育硕士课程设置上,如何凝练公共学位课程数量和内容,改革其教学方式;如何合理设置专业必修课程,加大专业选修课的比重,已成为我们改进教育硕士课程学习过程的当务之急。

三、优化教育硕士培养课程设置,将教育理论课程与学科专业课程并重

(一)以教育理论、教育思想的学习,教育理念的更新为先导

对教育硕士培养来说,最重要的是教育思想、教育理念的更新,中小学教师必须树立正确的教育观念,了解先进的教育理念。通过教育理论的学习来引导广大的中小学教师反思中国教育从传统到现代的历史延续和国外引进到国内吸收过程。只有这样,才能用先进的教育教学理念指导中小学教育实践,才能创造新的教育方法,成就新的基础教育成果。

据此,在我校已开办的各个专业的教育硕士培养方案中,都开设了教育学原理专题、教育心理学、教育科研方法和现代教育技术课程,把教育思想、教育理念的更新作为教育硕士培养的先导。

(二)整合教育基本理论课程,运用丰富多样的教学形式

目前,参加教育硕士专业学位学习的研究生,全部具有大学本科学历,他们均来自中小学教学和管理一线,且至少有三年或以上的中小学教学实践经历,具有较扎实的教育理论基本知识和教育技术运用的基本技能;所以在教育类课程的设置上,应该改变传统的分门教学形式,进而将教育学、心理学和教育技术学整合为教育学基本理论综合课程为宜。

在授课内容上,教师应密切结合我国基础教育的现状,既介绍教育理论、教育方法的最新成果,又应注重教育理论与我国中小学教育教学实际和中小学教育改革相结合,力戒空谈理论,避免出现教育理论与中小学教育实际严重脱节的现象,从而导致在授课教师与教育硕士学员之间没有共鸣。

同时,在教学形式上,改革现行的以书本、课堂讲授为主的教学形式,而采取以专题讲座、案例教学、课堂讨论和实践考察为主的学习方式;倡导参与式的学习模

式,充分发挥教育硕士学员自身的丰富教育实践经历的优势;引导学员发现问题、思考问题、分析问题,通过学员自身的反思过程,提出解决问题的对策,从而实现教育理论学习与教育实践提高的协调进步。

　　(三)调整学科专业课程的比重,注重学科专业知识的提高

　　教育硕士的培养目标之一,就是教育硕士应能较好地掌握本学科的基础理论和系统的专业知识;在知识爆炸的今天,要求教师不仅仅是"一桶水",而应该是有源头的"活水";要了解本学科知识的来龙去脉,并具备相关学科的知识,使我们培养的教育硕士有一个合理完善的专业知识结构。以期达到培养的教育硕士不仅仅拥有现代教育观念,而且具有相关专业课程开发能力和课程研究能力,成为基础教育专业学科的带头人。

　　我们在对教育硕士的座谈调查中,大家普遍认为,在目前的教育硕士的课程设置中,公共学位课程和专业必修课程占的比重过大,而学员急需在学科专业上学习提高的学科专业课程的比例过小;学员普遍反映,目前的课程设置不能满足自己今后的相关学科专业教学的需要。

　　为此,我校在教育硕士的课程设置上作了一些调整,如在英语专业的课程设置上,为了满足英语教师专业发展的需要,丰富其专业知识的储备,我们为教育硕士专业学位的研究生增设了英语语言文学专业的相关课程,如普通语言学、文体学、实用翻译、口译和英语文学等;外语学院每年邀请十多位国内外著名专家学者开展学术讲座,增加了他们在专业学科领域的知识和信息,使其不仅能从学科教学方面得到提高,而且在英语语言文化素质、英语专业知识水平上有一个飞跃;又如,在语文专业的课程设置上,我校研究生处和文学院教育硕士指导小组多次深入研讨语文专业教育硕士的培养方案和课程设置,使其更合理、更科学。大家关注的中心议题是:如何将教育硕士培养成为既掌握先进的教育理念,又具有深厚的专业素养的新世纪教育人才;通过教育教学实践,我们提出了"大教育"和"大语文"的指导观念,即:在教育硕士的培养过程中,既要贯彻"基础教育"这一中心理念,但又不过分拘泥于"中学语文教育"的范围,引导学员进入到更高更开阔的视野,强化专业素质提升、科研能力培养和全面理解和把握教育观念的意识。在课程设置上,增加介绍本学科新的研究成果、学术动态和前沿问题;开办了"专家讲坛"这样一个课堂,聘请国内外的学界权威、知名专家和中学特级教师,每周一次为学员讲座,这一举措受到学员的普遍欢迎。

　　通过十几年教育硕士的培养实践,在课程设置上,我们基本实现了教育理论学习和学科知识提高并重,以确保教育硕士培养目标的全面实现。

四、扩大教育硕士培养规模,全面提升我国基础教育师资水平

　　教师教育要落实"优先发展、适度超前"的政策。教育硕士的设置,得到了广大基础教育师资的热烈欢迎。全国有1千多万中小学教师,而每年参加教育硕士

学习的中小学教师毕竟只是少数,所以,教育硕士肩负的任务很重,发展的空间也非常大。①

我校是教育部直属师范大学,学科门类齐全,教育学科优势显现,2003 年,经教育部、国务院学位委员会审议批准,我校的教育学成为一级学科博士、硕士授权学科;同时,教师教育一直是我校人才培养的优势和特色。通过十年教育硕士的培养和实践,我们感到教育硕士有着极其旺盛的生命力,培养质量也不断得到提高。

可以肯定地说:教育硕士的培养必将成为我国基础教育师资队伍建设、高层次管理人才培养和学历提高的最重要的途径;同时,扩大教育硕士专业学位的培养规模,无疑将加快我国教师专业化的发展进程。

参考文献:

[1] 管培俊. 关于教师教育改革发展的十个观点[EB/OL]. 　　　http://www. ccf. edu. cn/　　,2004.

[2]江秀乐,袁奋光. 重点师范大学建设与教师教育创新. 教育研究[J]. 2003(6).

[3]王长纯. 教师专业化发展:对教师的重新发现[J]. 教育研究,2001(11).

[4]教育部关于"十五"期间教师教育改革与发展的意见[EB/OL]. http://www. jswl. cn/,2004.

[5] 2003 – 2007 年中小学教师全员培训计划[EB/OL]. http://www. moe. edu. cn. /,2004.

---

① 教育部副部长吴启迪在全国教育硕士专业学位教育指导委员会换届会议上的讲话(2006 年 3 月 21 日)——积极发展教育硕士专业学位教育,培养大批适应基础教育改革和发展需要的优秀教师队伍。

"点线面"三维立体培养模式

——华中师范大学教育硕士教学模式初探

于 翔1　　姜红2　　廖唐斌3

(1.华中师范大学化学学院;2.华中师范大学马克思主义学院;3.武汉市外国语学校)

摘要:本文通过介绍华中师范大学化学学院教育硕士培养模式即"点线面"三维立体培养模式(该培养模式取得了明显的教学效益和社会效益)希望能对同类学校教育硕士培养工作起到一定的借鉴作用。

关键词:点线面;教育硕士;教学模式

从 1994 年开始实施《教师法》以来,教师专业地位不断提高。2007 年走到了一个新的转折点:中国高校的师范生教育在实行收费的十年之后,六所教育部直属师范大学从这一年开始推行师范生免费教育;2010 年全国教育工作会议上,胡锦涛在讲话中强调:"教育是民族振兴、社会进步的基石,是提高国民素质、促进人的全面发展的根本途径,寄托着亿万家庭对美好生活的期盼。"因此在本次会议上他提出改善教师待遇,至 2020 年全面实现教育现代化的目标。国家出台的一系列改革措施无疑是对教师专业地位的再次肯定。为此,1996 年国务院学位委员会通过《关于设置和试办教育硕士专业学位的通知》(学位办[1996]25 号文件),决定设置教育硕士学位。从创办至今已有 16 年时间,期间为中、小学基础教学培养了不计其数的优秀教师,取得良好的社会反响,加速实现教育现代化的步伐。但是,在进行过程当中,随着教育硕士点的增加、生源争夺加剧、发展越来越不平衡等原因,而有的高校也仅仅是将其作为创收项目来开展,使得教育硕士的教育问题显得极为严峻。因此,提高教育硕士学位的教学质量,推出合理的教学模式显得尤为必要。本文以华中师范大学化学学院为例,介绍其教育硕士培养模式即"点线面"三维立体培养模式。希望能对同类学校、院系今后的教育硕士培养工作起到一定的借鉴作用。

一、关键点:抓住教育硕士培养目标

"教育硕士专业学位主要培养目标培养基础教育教学及管理工作需要的高层次人才。它与现行的教育学硕士学位,处于同一层次,但规格不同,各有侧重。"[1]教育硕士培养成功与否跟培养目标理解密切相关。为了抓住关键点,化学学院主要采取了调整课程设置、突出课程个性化两方面措施。

　　一直以来,教育硕士必修公共课程与专业类课程比例失调这种情况在化学学院开办教学硕士学位初期同样存在。但从 2001 年开始,化学学院加强了课程与教学理论学科建设,引进王后雄教授作为学术带头人的同时并逐年提高选修课的比例,相续开设化学与环境、中学化学疑难问题、现代化学前沿讲座、科学课讲座等课程。这些专业性课程的开设,为教师的教学实验与研究提供了平台,使化学教育硕士课程紧跟当前教育改革步伐,更好地适应现代社会发展的需要。化学学院教育硕士具体课程设置见表 1。

表 1　化学学院教育硕士具体课程设置

课程类别	课程名称	学时	学分	开课学期	考核方式
学位课程	马克思主义与社会科学方法论	18	1	2	开卷
	教育学原理	51	3	1	闭卷
	教育心理学	51	3	1	闭卷
	化学课程与教学论	51	3		
	基础英语	136	5	1,2	闭卷
专业必修课	学习理论	51	3		课程论文
	化学教学教学设计理论与实践	51	3		课程论文
	教育科学研究方法	51	3		
	化学教学诊断学	34	2		闭卷
选修课程	奥林匹克化学竞赛研究	34	2		
	化学实验教学设计与研究	34	2		课程论文
	化学学科教育测量与评价	36	2		闭卷
	现代教育技术在化学中的应用	34	2		课程论文
实践	教学实践	0	1		
	学术活动	0	1		

二、交叉线:"双导师制"的运作

　　教师职业具有明显的"双专业性"(学科专业性与教育专业性)和典型的"实践情境性",教师专业发展应该是"学科专业"与"教育专业"齐头并进的发展。[2]教育硕士培养目标旨在促进其学科与教育教学素养的"双专业化",对此"双导师制"有着得天独厚的优势。化学学院是华中师范大学最早在教育硕士中提出"双导师制"的院系。

（一）"双导师制"培养模式和价值

在选拔优秀大学专业教师担任学习导师的同时聘请具有丰富实践经验的一线中小学教育名师担任实践导师。一方面，教育硕士需要加强专业学科理论知识的学习，大学专业导师能在学科专业知识及学科课程与教学研究方面发挥他们的引领作用；特别是专攻中学学科课程与教学研究的专家学者，更能够指导教育硕士提高理论素养、增强开发校本课程的能力；带领教育硕士掌握本学科或中学的课程与教学的发展动态，并吸收其参与课题研究，从中开阔其学术视野，熏陶培养其科研意识和能力。这种"学术性"原本也是"师范性"的课题中应有之义。另一方面，教育硕士也需要提升其教学实践能力，优秀的教学名师担任实践导师，弥补了大学导师缺少基础教育实际经验又难以深入中学教学现场的不足。使教育硕士耳濡目染、亲身感悟名师的教学实践智慧，并在名师指导下更多地通过教学观摩接触丰富复杂的教育情境，产生更多的个体性、经验性的情境认知，从而积累和提升实践智慧。"双导师将社会与高校的资源进行整合共享，吸收校外新鲜血液加入导师队伍，集理论与实践培养创新于一体，突出导师组集体培养的优势，这种多样化的培养模式是对传统单一、封闭式研究生培养模式的超越。"[3]

（二）"双导师制"的运作

实行导师聘用制：根据教育硕士培养目标，制定相关的聘用制度，导师师资队伍可以由专兼职两类教师组成。"其中专职教师主要以理论教学为主，要求其具有博士学位，并在学术界有较高声誉，除教学工作之外，要承担大型的持续数年的研究项目，但也要了解基础教育教学与管理方面的实际情况。兼职教师都是基础教育第一线的一些有精深思想的教育实践家组成。"[4]他们可以为化学学院提供基础教学实践信息，是化学学院了解基础教学实际、联系基层学校的重要纽带.。"双导师制"作为培养模式改革的新的举措不能安于现状，要发挥双导师的积极作用，就必须加大工作考核力度。要根据研究生培养计划，明确双导师的岗位职责，对他们履行岗位职责情况进行定期考核。

以"双导师制"为核心开展系列教育硕士教育：大学导师主要在学生专业学习、学术活动与专业实践活动方面指导学生。教育实践家主要时来自基础教育领域的教学专家和教学名师，他们是通过讲座、座谈会等形式引导学生，并在教学见习、教学实习、毕业论文等实践活动中培养学生教育教学实践能力，指导他们结合本职工作开展微型教学研究、撰写教学日志、反思笔记、教学案例等成为他们教师生涯的导师。同样教育硕士与名师"面对面"系列讲座，陆续邀请一批优秀的中小学校长、教学经验丰富的一线教师、特级教师走上师大讲台。因为同为教师，教育硕士可以从他们身上发现不足获得启迪。

为避免选择导师的盲目性，化学学院采取三项措施：①将各位导师基本情况在化学学院网站上公布，学生可以随时上网了解；②组织教育硕士和导师的见面会，增进相互了解;③每个教育硕士都有选择志愿表,有多次选择机会。

三、全方面:互动,自身,实践

教学是为满足学生学习需要提供的最直接的服务。目前,一些高校在开展教育硕士教学时存在诸多问题,如专业课课时过多、选修课内容和课时太少、纯理论说教、教学方法单一、教学的方式只局限于课堂教学等。化学学院为了改变这种现象提出了宽(知识面)、新(知识内容)、实(理论实践相结合)的教学原则,并在具体的教学事件中逐步形成了以互动、自身、实践为主的三维教学法。

(一)互动面

互动是教学过程中必不可少的过程,也是学生和老师沟通的桥梁。化学学院认为教育硕士的教学中更需要互动,不仅仅因为教育硕士本生对教学有一定的经验和认识,有互动的基础,而且教育硕士具有学生和老师双重身份。在工作岗位上他们只能扮演教师角色,教育硕士教学则提供给他们扮演学生角色的机会,如果能让教育硕士在扮演学生的时候学会互动,必然回到自己工作岗位时能很好的运用互动。当然,化学学院所提倡的互动不仅仅局限于师生、生生间课堂上的讨论和对话,还可以利用现代化的工具和方式,超越时空和限制,如电子邮箱、博客空间、微博论坛、教学简报等方式互动,发表个人看法与名家互动。

(二)自身面

教育硕士普遍具有学科教学背景,其中有部分人甚至是学校的学科带头人、教学能手。以华中师范大学化学学院近三年入学学生分布情况为例,见表2。

表2　华中师范大学化学学院教育硕士专业学生分布情况

年级	男	女	教龄	职称	重点中学	普通中学	本地学生	外地学生
2010	2	2	6 年以上	中教2	1	3	0	4
2011	1	2	8 年	中教2	0	3	3	0
合计	3	4			1	6	3	4

从表2中可以看出,普通中学教师多,重点中学教师少;女性多男性少;本市当地的教师偏多,外省市的教师偏少。这似乎反映了一种倾向,中学教师尤其是教育发达省市愈来愈重视自身素质的提高,这与当地教育管理部门的倡导和重视是分不开的。生源地域性比较突出,外地生路程远,时间少。所以有些高校因照顾到外地的教师不脱产学习,大多能用休息的几天听选修课、完成作业或去图书馆看书

查阅资料。另外,入学者中以年龄28岁到35岁、教龄从5年到10多年的教师居多,职称普遍为中级。主要原因是他们年纪轻视野开阔,容易接受新思想和新观念,同时在教学单位面临的挑战和压力也较大,学习的内在需要和动机十分强烈。这也表明,教育硕士生都是教学事业的黄金时期,教学必须充分利用每个人不可替代的自身优势。因此,化学学院将部分教学任务下放,在各自导师指导下由教学硕士个人来承担教学。化学学院的主要做法如下。

1. 经历交流

在导师的组织下,分小组交流各自教学中的经历包括:课堂教学方法、教学故事、失败教训、教学感悟与困惑等。然后轮流上台发言,全班交流。

2. 教学展示

将教育硕士各自经历过的公开课、观摩课等精品课在教育硕士课堂教学中情景再现,再现的形式可以是在课堂教学中进行,自己扮演学生角色;也可以借本科生为学生,开展教学,同时本科生也可以从这些精品课中感受教育硕士风采。

3. 专题研究

许多教育硕士虽然是教学能手,但是当中许多人并不知如何将教学感想、教学方法写成论文,这也是教育硕士学习的关键之所在:从"学会教学"到"研究教学",从教学能手到教育家的转变。专题研究不仅有利于教育硕士提高撰写学位论文的能力,也有利于培养教育硕士研究能力。故化学学院要求每个教育硕士都要参与到专题研究中,首先列出导师各自最新的研究方向、研究内容、成果和现状,让教学硕士根据自身情况针对性的选择课题和研究方向,并且不定时的请华中师范大学专家为同学们举行学位论文专题讲座,最后化学学院组织专门的课题报告会,将教育硕士的研究成果向本科生及导师作成果汇报。专题研究针对性强,实用性高。很好的解决了课堂理论多,实践少的问题,成为化学学院教育硕士教学的最大亮点。

(三)实践面

教育硕士的教学实践与师范生的教学实践差别很大,更应该让教育硕士扩展视野和吸取经验。因此化学学院根据每届学生的需要和教学情况开展三种教育实践活动形式。

1. 课堂研讨

课堂研讨所针对的课堂包括如下两种:①影像文本资料,由任课教师提供文本或影像课堂案例,学生观摩后,进行分析研究;②真实课堂,在教育硕士导师带领下参加中学化学教学观摩课或教研活动,听课结束后,及时组织评课进行剖析研究。

2. 教学竞赛

与观摩课相比,教学竞赛对比性更强,参与性更高,可以更快的提高教育硕士的理论素养和教学能力。竞赛形式可以是微格教学、讲课、完整教学等。让学生在竞赛过程中体现已有的教学经验,并且结合所学到的最新的教学模式和方法。评委由三方组成:导师代表、中学优秀教师代表和师范生代表。为减少功利性,教学竞赛只评不奖,并且评委点评不是聚焦在教学的基本规范上,而是更多要关注最新教学理念在课堂上的渗透、教学目标和效果的完成情况、学生的意识和思维创新发展程度等方面。

　　"点线面"三维立体培养模式的实施,使教育硕士毕业后从教育理念、方法和心理上都得到普遍的提高,也带来了显著的教学效益和社会效益。

参考文献:

　　[1]徐辉.教育硕士专业学位论文写作指导[M].杭州:浙江大学出版社,2005.

　　[2]杨跃,张婷婷.双导师制:提高教育硕士培养质量的可能策略[J].教育探索,2008(8).

　　[3]周红康.双导师制:创新型研究生培养的新机制[J].江苏高教,2006(5).

　　[4]吴文莉,邬志辉.教育硕士专业学位师资队伍建设的初步研究[J].高等师范教育研究,2000(3).

在职人员攻读教育硕士招生体制改革展望

刘成竹

（华中师范大学研究生院）

摘要：我国自1996年实行教育硕士招生以来，发展迅速，取得了显著的成绩，但是现行的招生体制在一定程度上制约了教育硕士专业学位的发展。从具体招生录取过程来分析招生单位遇到的困境，并对教育硕士专业学位招生体制的改革提出展望。

关键词：教育硕士专业学位；招生；展望

国务院学位委员会《关于设置和试办教育硕士专业学位的报告》指出，设立教育硕士专业学位的目的就是要加强基础教育师资和管理队伍的建设，提高基础教育教师和管理人员的素质，促进我国基础教育教学及管理水平的提高，招生对象为基础教育的专任教师和管理人员。经过十多年的努力和建设，教育硕士专业学位教育从无到有、从小到大，发展迅速，取得了显著的成绩。

教育硕士学位是一种具有教师职业背景的专业性学位，它在学位设置的依据、具体的培养目标、培养模式与规格、培养的途径和方式方面与教育学硕士学位有明显的不同。教育硕士学位的培养目标是对教育硕士研究生进行专门的、高水平的教师职业训练，使其树立科学的现代教育观，具有较高的教育学科的理论素养及从事基础教育教学的能力，并掌握现代教育教学技术与方法，成为面向基础教育教学和管理工作需要的高层次人才。

教育硕士专业学位的设置，不仅是调整我国学位与研究生教育结构、完善我国学位教育的需要，还是加速我国教师专业化进程，优化基础教育教师队伍结构，培养高素质教师的需要。教育硕士专业学位招生过程分为招生宣传、报名、资格审查、考试、复试、录取，从每年六月份制作简章到第二年五月份录取工作结束，历时近一年。

随着教育硕士专业学位教育的开展，围绕着教育硕士专业学位教育的理论研究、政策研究、比较研究和应用研究逐渐兴起，并成为教育研究的一个重要的新兴领域。但是综观十年来先后发表的大量与教育硕士专业学位教育相关的研究论文和学位论文，大部分都是围绕其培养来讨论的，大多是讨论设立教育硕士的意义、提高培养质量、与国际接轨等课题,很少有专门针对教育硕士招生来研究,培养固然很重要,但是教育硕士的招生问题也就是教育硕士的"入口关"也需要认真的研究探讨。为更好的为基层培养高质量的教师,加强基础教育师资和管理队伍的建设,提高基础教育教师和管理人员的素质,促进基础教育教学及其管理水平的提高,也同时减轻招生工作人员的压力,结合十多年来各培养单位的招生实践对现行的招生体制进行改进研究有利于推进我国的教育硕士专业教育事业更好的发展。

一、现行招生体制在具体招生过程中遇到的困境

从每年六月份制作简章到第二年五月份录取工作结束,在这历时近一年的招生录取具体工作中,招生单位遇到了如下的困境。

(一)招生录取周期过长

每年的6月份出台招生文件,从网上报名到现场确认、考试、复试,录取等待周期过长,导致很多在职人员难以及时了解报考单位的最新情况。特别有大量来自边远地区的考生,他们迫切需要了解新的教师教育知识,进一步深造。但由于地处边远山区,信息不通畅、工作任务繁重,院校发布的各种招生信息很难及时传达到,这就给招录工作带来一定困难;此外,考生在繁忙工作的同时,焦急等待招生单位的考录信息,也给考生正常生活带来不必要的影响。

(二)优先录取政策难以操作

每年的招生考试文件中均提出应对比较优秀的考生给予优先录取的政策,在现行的招生录取办法中无法去体现诸如优秀工作者、优秀志愿者等如何进行录取的问题,各个招生单位实际上还是按照联考分数线的高低这种单一的政策来执行国家文件进行录取工作,也就无法真正体现国家对优秀人员优先录取的政策。每当考生咨询甚至是质疑招生单位是如何执行国家这一文件精神时,招生单位陷于十分尴尬的处境。

(三)复试环节难以把握

自2007年开始,国家对教育硕士专业学位的复试提出了明确的要求,这也给招生单位带来一些两难的选择,作为专业学位教育,其专业知识尤其重要,特别像一些学科教学专业的教育硕士,没有扎实的专业基础知识,在培养过程中就很难真正按照培养方案进行培养,但是在联考总分与专业成绩之间招生单位显得有些无奈,以联考总分为先,专业成绩为次,还是以专业成绩为先,联考成绩为次呢?两者同等重要考虑的话,如何协调才比较合适?如果真正考虑学生的培养,专业成绩比较重要,则联考总分偏低就势必影响招生单位的下一年的招生指标。各招生单位为了下一年的招生计划,即使认真地去做复试工作,联考分数低的考生也很难在考虑之内。复试环节的作用就很难真正体现出来了。

（四）录取分数线的划分没有充分的考虑差异

虽然国家考虑了地域之间的差异，指导分数线按东西部地区来划分，但是从目前的招生体制来看，由于国家划定下一年度招生计划的时候只是按照东西部地区来考虑，所以各个招生单位就不会考虑城乡之间的差异，不会考虑专业之间的差异，实际上从联考来看，城乡之间、专业之间还是存在一定的差异的（如全日制研究生划定分数线不仅按照地区，而且专业也分开），这样也导致部分考生失去宝贵的深造机会。从每年大多数录取考生和落榜考生的调查分析情况来看，在录取的考生群体中，文科类学生录取的比例远远高于理科类考生，在落榜考生中，大多数是英语成绩成为了他们的"拦路虎"。其实从每年的报名情况也可以得到录取情况的反映，每年偏文科的教育硕士专业学位报名人数往往是理科类的 10 倍甚至几十倍。分析已取得教育硕士专业学位的分专业统计情况来看，数据是相差较大，这种情况的出现实际是对发展教育硕士专业学位是很不利的，产生这种数据悬殊的原因和录取指导分数线有着密切的关系。

（五）专业课的考试测评安排欠妥

目前教育硕士专业学位专业课的考试与联考同时进行，但是不计总分，只是作为招生单位录取的参考依据。这样的操作给招生单位两大问题，一是给工作人员带来相当大的心理压力。专业课虽然不计总分，但是从制卷、印卷、邮寄试卷直到考试完毕都必须按照统招研究生考试的程序办，仍然按照机密程序办理，但是在最后录取也只是参考，由于招生计划只与录取分数线挂钩，而专业课又不计与总分，招生工作人员前期的投入相对于这样的安排来看显得很不值，因为制卷、整理、邮寄试卷这是很麻烦的一套程序，在机密的压力下让人很紧张。二是招生单位须投入额外的财力。现在各地报名点没有收取考生有关专业课试卷制卷评卷费用，有的考生也不交给报考单位，在现行的招生体制下，招生单位也没有措施去保证这笔考生应该承担的费用，为顺利完成国家任务，搞好教育硕士专业学位的发展，所以招生单位只能投入更多的额外的财力去做这个工作。

（六）报名条件有待进一步改进

2008 年的报名条件在以往的基础上做了较大的改进，改进后虽然在工作年月上的限制比往年稍有松动，避免了将工作年月填写为 8 月、9 月的考生因离报名条件差两月甚至一月而无法录取的情况，但 2008 年条件是必须是三年前取得大学本科学历（一般应有学士学位），这样就将长期坚持在教学一线，较早取得大专学历，近三年内取得本科学历的考生拒之门外。这个报名条件比统考研究生报名条件还严格，在统考研究生报名条件中现场确认时只要持有国家承认的本科毕业证即可，而且同等学历人员也可以报考,从设立教育硕士专业教育的目的和出发点来看,我们招生考试的应试群体是基础教育的专任教师和管理人员,通观我们这些应试对象的个人学历学位条件,似乎有悖于我们的初衷。

二、对教育硕士专业学位招生录取的展望

目前施行的全国联考体制,极大的制约了各单位教育硕士专业学位的发展,出现以上一些问题及困境,我们觉得主要原因在于目前的招生体制。招生计划的下拨方式,使得各招生单位只能按照上级文件精神招收生源,没有灵活操作空间,较大的制约了教育硕士专业学位的发展。按照现行的招生体制,有时对考生来说也是不公正的。譬如某招生单位教育硕士第一年录取联考成绩最低分排名靠后,减少指标至 200 人,那么次年由于招生指标的减少,联考分数线肯定会升高,那么同样水平的考生如果在不同年份参加考试,录取的结果则大相径庭。改革现行招生体制,探索新的招生计划的下拨方式,既可以解决以上的问题,其实也是对考生公开、公正、公平的切实承诺。

（一）积极探索有效可行的招生计划的下拨方式

一是保持现行招生计划的下拨形式,改进排名方式。现行的联考成绩排名可否在进行细化,如不同专业方向的教育学、心理学、英语的基础是参差不齐的,特别是英语,虽然文件未规定单科的最低分要求,但某一单科成绩不理想,联考的成绩是很难上去的,所以建议以合理的门类进行细分再排名。二是定额招生为主,适当增减为辅。自 2006 年开始,教育部已经开始对各单位教育硕士教学进行了评估,上一级单位可否在评估的基础上,按照各招生单位办学实力、对教育硕士培养的综合情况,再结合教指委的评议情况,实行在定额招生的情况适当增加计划的模式进行。

（二）充分调研拟培养对象,改进招生体制

针对"教育硕士专业学位招生对象为基础教育的专任教师和管理人员以及设立的目的是要加强基础教育师资和管理队伍的建设,提高基础教育教师和管理人员的素质,促进我国基础教育教学及管理水平的提高"这一特征。进行深入调研和统计分析,真正了解招生对象的实际状况,体会他们的内心想法。在这些基础上考虑是否能通过缩短招生周期,完善报名条件,开通"绿色通道"等各种具体的措施来推进教育硕士专业学位招生体制的改革。

经过十多年的努力,我国教育硕士专业学位取得显著的成绩,也形成了自己的特色,但实际上我国的教育硕士专业学位教育仍处于初级阶段,还没有完成完善的体系。因此,博采众长是必须的,我们也应加快国际化的步伐,吸纳其他国家先进的方式,为了我国基层教育事业又好又快的发展,我们要做好"入口关",不断推进招生体制的改革。

参考文献:

[1]国务院学位委员会文件.关于设置和试办教育硕士专业学位的报告[Z].

[2]国务院学位委员会文件.关于加强和改进专业学位教育工作的若干意见[Z].学位[2002]1号.

[3]国务院学位委员会文件.关于2007年招收在职人员攻读硕士学位工作的通知[Z].学位办〔2007〕36号.

[4]国务院学位委员会文件.关于2008年招收在职人员攻读硕士学位工作的通知[Z].学位办〔2008〕33号.

[5]全国教育硕士专业教育指导委员会.教育硕士专业学位建设的理论与实践[Z].2007(9).

[6]全国教育硕士专业教育指导委员会秘书处.教育硕士专业学位基本概况[Z].2007(11).

优化教育结构，提高培养质量

——论提高专业学位研究生培养质量的途径

蔡　亮

（华中师范大学研究生院）

摘要：大力加强专业学位研究生培养，是国家进行研究生培养机制改革的主要发展方向。本文从专业学位研究生培养的现状出发，总结目前研究生培养模式存在的问题，并针对这些问题提出改进和解决措施，以期待在我国的研究生培养机制改革上有一定突破，让专业学位研究生培养进入高速发展的轨道。

关键词：专业学位；培养；实践；教育结构

在科技突飞猛进，知识日新月异，职业分化更细致、专业化程度更高的今天，社会对人才的需求也呈现出数量、规格、质量并重的特点。多数国家都必须适应这种变化，在高等教育方面提高人才的社会适应性和竞争力。当今中国也更需要一批具有创新及实践能力的高层次专业型人才，投身到社会主义现代化建设中来。在这样的大环境之下，担负着高层次人才输出的高校研究生教育，势必要优化教育结构、提高培养质量，增强服务社会的能力，加大应用型人才培养力度，其最终目标是实现人才培养与社会职业实际需求的紧密接轨。

一、专业学位研究生培养现状

我国的专业学位教育制度起源于 1991 年。到 2011 年，经过 20 年的建设，目前已基本形成以硕士学位为主，博士、硕士、学士三个学位层次并举的专业学位教育体系，为现代化建设输送了大批实践性应用型人才。

（一）专业学位研究生解读

"专业学位是针对社会特定职业领域的需要，培养具有较强的专业能力和职业素养、能够创造性地从事实际工作的高层次应用型专门人才而设置的一种学位类型。"专业学位和学术学位一起构成现代高等教育学位体系不可缺少的两大组成部分，处于同一层次，但培养却各有侧重：专业学位研究生以实践为导向，培养在专业和技术上受到高水平训练的高层次人才，最大特点是学术与实践紧密结合；专业学位研究生分为在职和全日制两种类型，在校第一年上课，第二年开始进行实践和论文写作，并参加答辩；学位授予分为双证和单证两种类型。此外，专业学位和学术型研究生在生源、就业等方面都存在差异。

（二）专业学位研究生招生情况

目前选择就读专业学位研究生有三种方式，一是参加每年 1 月份的全国研究生统一入学考试，被录取者毕业时授予双证；二是参加每年 10 月份的"在职攻读硕士学位研究生全国联考"，被录取者毕业时授予单证（有学位无学历），采用非全日制学习形式；三是在职人员以同等学力申请学位，参加 5 月份国家同等学力申请硕士学位的外国语和综合水平考试，或者卫生部医学考试中心组织的申请博士学位考试，通过考试有学位但无学历（这种方式只有在培养临床医学硕士、博士和口腔医学硕士、博士时采用）。

（三）专业学位研究生培养方式

我国专业学位研究生类型有 39 种之多，根据职业发展方向和社会需求，专业学位在培养方式上同学术型研究生存在区别。如工商管理硕士的培养目标是经营管理人员，教学上采用以研讨、案例、团队合作为主并同实际应用结合的方式。而翻译硕士，则需要在教学上加强口译笔译实践，提高翻译能力，其学习过程就是实践过程。通过以上比较可以看出，专业学位研究生是根据专业需求设置培养方式，不能一概而论。但无论是全日制研究生还是专业学位研究生培养，都以提高研究生整体培养质量为主要目标。

二、专业学位研究生培养存在的问题

（一）社会了解程度低

我国专业学位发展已有 20 年历史，目前国家也在逐步扩大招生比例、增设招生专业。预计到 2015 年，我国将形成学术型研究生和学位型研究生各占一半的格局。但是对于"专业学位研究生"这一概念，社会公众、用人单位、包括高等院校部分工作人员，都了解得不够透彻。同时，专业学位研究生在入学及就业方面，并不能得到与全日制学术型硕士研究生相当的认同度，这也使人们对专业学位研究生的教育质量产生疑惑。

（二）生源参差不齐

2009 年之前，专业学位研究生的生源，无论在职或全日制都要具备一定年限的工作经历；扩招的全日制专业学位研究生以应届本科毕业生为主。从 2011 年开始，在职攻读专业学位研究生，都要求具有本科以上学历和相应的工作年限。大部分专业学位研究生是以在职或同等学历联考方式入学，这也决定了大部分专业学位研究生生源，是在职人员而非应届毕业生，从而造成了各类型专业学位研究生生源复杂的局面。

（三）培养管理体制不完善

专业学位研究生类型的多样性，决定了其培养模式的特殊性。全日制研究生以脱产学习为主。各院系配备专职研究生辅导员和秘书，有成熟的培养方案，入学就制定个人培养计划，整个学习过程都严格按照培养计划完成。专业学位研究生中，除全日制专业学位以外，在职研究生的管理和培养相对松散。这部分研究生流动性大,不能保证脱产学习,后勤等配套服务也不及在校研究生完善。

（四）实践教育与职业需求缺乏衔接

专业学位研究生的实践是培养过程的重要环节。它既体现了专业学位和学术学位研究生之间的区别,也符合国家需要应用型人才的要求。

在目前的培养机制中,由于缺乏实践资源,学校无法统一安排全日制专业学位研究生进行实习,很多学生都自己联系实习单位,这在很大程度上给实践的质量和管理都划上了问号。学生抱着完成任务的心态选择实习单位,达不到培养要求,更谈不上培养出专业性、应用性强的高层次专门人才了。另外专业学位研究生所需的职业认证考试,也缺乏学校统一指导和制度保障。

三、优化专业学位研究生培养的举措

加强专业学位研究生教育是研究生培养模式改革的大方向。我国每年招收硕士研究生达到 40 多万人,更多毕业生将走向社会各行各业。目前研究生教育存在的问题包括培养目标单一,人才适应性不强,与社会需求领域脱节等现状,都影响了研究生教育的可持续发展。因此,我们需要优化研究生培养结构,关注研究生就业去向,培养社会需要的应用型人才,实现研究生分类培养;同时调整招生结构,调整培养目标,促进人才与社会的紧密衔接。

（一）优化高校研究生教育结构

纵观国内外的研究生教育,西方很多国家在专业学位教育上起步早,发展迅速,有很多值得借鉴的地方。美国是专业学位研究生教育最发达的国家,从美国社会来看,很多行业把硕士专业学位看作是进入行业、个人发展提升的重要依据。英国硕士和博士层次也都按研究型和专业型两个导向来培养。

我国的专业学位培养缺乏权威的制度定位。1996 年国务院学位委员会通过了《专业学位设置审批暂行办法》,2001 年教育部和国务院学位委员会在首次全国专业学位教育工作会后联合下发了《关于加强和改进专业学位教育工作的若干意见》,该意见首次指出"专业学位人才培养和学术性学位人才培养是高层次人才培养的两个重要方面,在高等院校人才培养工作中,具有同等重要的作用"。

根据我国研究生教育实际情况,可以从以下几方面来调整研究生教育结构,优化研究生培养。

1. 优化学科设置、适应社会需求

目前很多高校学科设置,与国家产业结构和对高层次人才的需求并不配套。我国高新技术产业人才、企业和社会高级管理人才以及应用型人才的培养严重不足,无论是学科点布局数量还是人才培养条件保障,都不能满足经济社会转型的要求。高校可以根据自身的优势,优化学科的设置,加强对专业学位研究生招生类型和领域的设计。

2. 调整研究生类型比例

我国专业学位研究生比例偏低,传统的以科研为主的研究生教育,不再完全适

应社会需求。国家需要一批高质量专门人才,快速地投身到社会建设当中。人才培养单位必须要有意识、有计划地进行人才培养定位的转换。

3.适当增加招生培养单位自主权

高等学校必须有适应国家、社会和市场发展需要的创新能力。从招生、培养、人才输出就业等各项环节,建立既能主动适应社会需求,又能保证自身科学发展的机制,合理进行培养层次、类型的设计和实施。对于硕士研究生培养,应重点培养应用型硕士,规范在职专业学位研究生的培养管理,满足社会需求,形成充满活力的研究生教育体系。

(二)打破认同局限,提高生源质量

传统的研究生培养模式,造成了社会对于学术型研究生是"正牌",专业学位研究生是"山寨"的误解。这在很大程度上影响了用人单位对专业学位毕业生的需求,也造成了考生对报考专业学位的犹豫。

因此,除了国家要大力发展专业学位研究生规模以外,更重要的是通过招生、就业、学校后勤管理等各种途径,让专业学位研究生与学术型研究生一样,获得社会多数人的真正认同。只有社会全面了解我国研究生的培养模式,高校才能在专业学位研究生招生方面,获得更多优质生源,从源头上提高研究生培养质量。

(三)以高校为本,建立社会监控体系

无论研究生培养模式怎样调整,最终目的是为了"提高质量",培养出过硬的高层次人才。基于这一目标,我们可以从以下几方面入手,建立以高校为基地,社会各方共同监督的研究生质量保障体系。

(1)高校要时刻紧跟国家步伐,根据国家各专业学位教指委的要求,规范工作程序,落实培养职责,严把培养质量关,确保研究生培养质量的不断提高;

(2)要注重在师资、教材、实践、管理等关键环节的投入,尝试将这些纳入培养质量考核;

(3)专业学位研究生培养质量的好坏,关键在于是否适应社会实践工作的需求;(4)在高校培养专业学位研究生的过程中,不定期进行质量评估,听取实践单位的意见,及时发现工作漏洞,这也是提高研究生培养质量的一条捷径。

(四)规范专业学位研究生培养流程

要提高专业学位研究生培养质量,首先要从管理入手,改变目前在职研究生松散学习的状况。在管理上,可以把所有专业学位研究生纳入辅导员管理范围,同在校研究生一样,进行学籍、住址、联系方式等等的备案登记,包括导师组的划分,便于院系和校级管理部门随时掌握学生的学习情况。

在培养方式上,很多高校实行了研究生教育督导制度,对研究生的课堂教学,考生等等环节进行监督和抽查,保障了研究生的学习质量。另外,专业学位实行的校内外"双导师"制度,也非常符合专业学位研究生特点。这样既保证了在校的理论知识学习,又为社会实践工作提供了专业性指导,是值得大力推广的培养模式。

（五）完善培养方案，狠抓实践环节

专业实践是全日制专业学位研究生的必修环节，也是检验硕士学习期间成果的重要方式。完善培养方案，狠抓实践环节也是提高专业学位研究生培养质量的重点。在课程设置上，要体现出团队学习、模拟实践等应用性较强的特点，有意识培养学生的应用能力，形成理论教学和实践的有机结合。同时，高校要积极与社会各对口单位建立实践基地，为毕业生提供"门当户对"的实践机会。高校与相应的行业进行长期稳定的实践合作，为专业学位研究生提供稳定的、高质量的实践平台，实现理论与社会实践工作的对接。此外，高校要加大投入，在专业学位研究生实践期间，对参加实践的学生进行相对统一管理，记录整个实践过程，保证实践秩序，并且在实践结束后进行个人评价，都能在无形当中保证实践质量。

"质量"是研究生教育的生命。无论以那种模式进行研究生教育，最终是为了促进社会经济的快速稳定发展。我国专业学位研究生教育经过多年发展，已经为各行各业提供了大量的高层次人才。而我们也相信，在经过国家和高校不断的探索和改革之后，这一支新兴的高层次人才力量，将会在整个中国教育和社会发展道路上，发挥更多的光和热，真正形成具有中国特色的、符合社会发展趋势的研究生教育培养体系。

参考文献：

[1]专业学位研究生欲摆脱山寨之名，打破认同尴尬[N]．人民日报，2011－02－18．

[2]北京师范大学教育学部．教育学部关于教育硕士专业学位研究生培养的工作细则[Z]．2010(4)．

[3]中国学位与研究生教育信息网．专业学位与学术学位的关系[EB/OL]．2010－10－13．

[4]王磊，郭飞，郑国生．我国专业学位研究生教育存在问题分析与质量保障体系构建探讨[J]．高等农业教育，2010(10)．

[5]刘朝辉．研究生教育结构的整体优化及发展路径[J]．中国农业大学学报，2010．

[6]刘宝存．在国际比较视野中把握研究生教育改革与发展的规律[J]．中国高等教育，2005(1)．

1.　翟亚军：我国研究生课程教学中存在的问题及对策研究．中国高教研究2005(1)。

2.　王根顺：21世纪我国研究生教育学科布局的战略思考．学位与研究生教育，2003(12)。

保障和提高教育硕士学位授予质量的探索与实践

肖华松

（华中师范大学研究生院）

摘要：自1996年国家正式设置教育硕士专业学位以来，教育硕士专业学位研究生的规模越来越大，所涉及的专业领域越来越多，学习形式和培养方式也趋于多样化，如何提高教育硕士培养质量成为各教育硕士培养单位所面临的挑战。本文介绍了华中师范大学在保障和提高教育硕士学位授予质量方面所做的探索与实践，并针对出现的不足提出了相关对策。

关键词：教育硕士；学位授予质量

一、教育硕士专业学位发展历程及特点

教育硕士专业学位是具有特定教育职业背景的专业性学位，它的培养目标是培养面向基础教育教学和管理工作需要的高层次人才，教育硕士的出现，是教师职业化教育的一个重要标志。1996年4月，国务院学位委员会第十四次会议审议通过了《关于设置和试办教育硕士专业学位的报告》，正式设置了教育硕士专业学位，北京师范大学、华东师范大学、华中师范大学等16所高校成为首批试点单位；1997年9月，首批攻读教育硕士专业学位的研究生入学，2006年3月，教育部正式宣布教育硕士专业学位研究生教育结束试点阶段[1]。

我校自1996年成为首批教育硕士专业学位试点单位，截至2012年6月，共授予各领域教育硕士专业学位4300余人。从我校教育硕士专业学位研究生的情况来看，多来自于中小学一线教师和教育管理者，具有基本的教学功底，有一定的教学经验，这是他们的共性。但他们也有一些明显的区别，比如年龄结构差异较大、社会地位悬殊、学习目的不同、知识水平高低不等，同时我校教育硕士类型多样化，有在职教育硕士、全日制教育硕士、农村教育硕士及免费师范生教育硕士。面对情况复杂、特点不一的教育硕士群体，如何做好教育硕士学位授予工作，提高教育硕士培养质量是学校面临的一大挑战，现对我校在保障和提高教育硕士学位授予质量方面所做的探索与实践作一介绍，并针对出现的不足提出了相关对策。

二、保障教育硕士学位授予质量的措施

（一）建立健全规章制度，切实做到教育硕士学位授予工作有章可循、有法可依

学位条例是学位授予工作的基本大法，在具体执行过程中，学校根据学位条例和实际情况制定了学位授予工作实施细则。针对包含教育硕士在内的专业学位研究生学位授予工作，特别制定了《华中师范大学全日制硕士专业学位研究生学位授予工作细则》（以下简称《细则》），《细则》根据专业学位研究生的特点，从学位申请与资格审查、学位论文的基本要求、学位论文评阅与答辩、学位授予与撤销四个方面对专业学位研究生的学位授予工作作了明确规定。《细则》的制定充分体现了专业学位研究生强调的实践性、应用性，比如明确规定学位论文应着重于应用性，要体现研究生综合运用科学理论、方法和技术解决实际问题的能力；学位论文评阅人和答辩委员会成员中，应至少有一名来自相关专业实践领域的具有高级专业技术职务的专家等。《细则》的出台兼顾了专业学位研究生与学术型研究生不同的特点，保证了专业学位研究生学位授予工作的规范性。

（二）注重过程管理，加强学位论文的写作指导与检查

为加强对教育硕士学位论文的指导，出台了《华中师范大学研究生学位论文规范》，使教育硕士专业学位研究生学位论文的写作更具有科学性、规范性。在学位论文写作阶段，要求论文指导老师全程指导，全面掌握论文写作进度、完成情况，学位论文在确定选题后必须进行论文开题报告，开题报告和论文答辩时间必须在半年以上，保证学位论文有充足的撰写时间，确保学位论文质量。

（三）加强教育硕士学位论文质量的监控力度，保障教育硕士学位论文质量

近年来，学校教育硕士专业学位研究生规模不断扩大，涉及的专业领域逐年增多，教育硕士研究生学习形式多样，在校学习时间长短不一，知识积累、学术水平、研究能力也参差不齐。面对教育硕士的特殊情况，如何保证和提高教育硕士学位论文质量成为教育硕士学位授予工作的重点，学校主要采取了以下措施。

1. 加大教育硕士学位论文的"盲审"力度

近年来，为了提高教育硕士的培养质量，学校对教育硕士学位论文采取高标准、严要求，与学术型研究生保持一致，每学期都从申请学位的教育硕士专业学位研究生中抽取 8% – 10% 的学位论文进行"双盲"评审，2006 年至 2012 年间，共有 175 名教育硕士研究生的学位论文进行了盲评。学校要求所有被抽中的教育硕士研究生必须在规定的时间内提交学位论文，学校根据专业领域、研究方向选取校外两名专家进行匿名评审，评阅结果中如有一人不同意进行论文答辩，可再请一位专家评阅。如有两人不同意进行论文答辩，则该论文不能进入答辩程序，此次学位申请无效,需修改论文半年后重新申请学位。从近六年的盲评结果看,教育硕士学位论文评阅结果整体较好,未通过盲评人数比例不到参评人数的0.6%。

2. 推行教育硕士学位论文学术不端行为检测

为防止、杜绝抄袭、剽窃等学术不端行为的发生,从2009年6月开始,学校对所有教育硕士毕业生的学位论文进行了学术不端行为检测的试点工作。2010年,正式出台了《华中师范大学研究生基本学术规范暂行条例》和《研究生学位论文复制比检测结果处理办法》,此项工作采取校院两级管理,实行院系答辩前检测和学校答辩后检测两次检测,院系对答辩前检测复制比结果过高的教育硕士将取消其答辩资格,修改论文至少半年后重新申请学位;学校将答辩后复制比检测结果反馈给教育硕士学位评定分委员会,分会对于复制比结果大于等于30%小于50%的,严格执行暂缓授予学位的决定,大于等于50%的,取消学位授予资格,并将追究学位论文指导老师的责任,对导师作出停止下一年度招生的处理。该办法实施以来,2010年至2012年期间,共有16人因学位论文复制比超过30%分会作出了暂缓授予学位的决定,具体情况如图1所示。

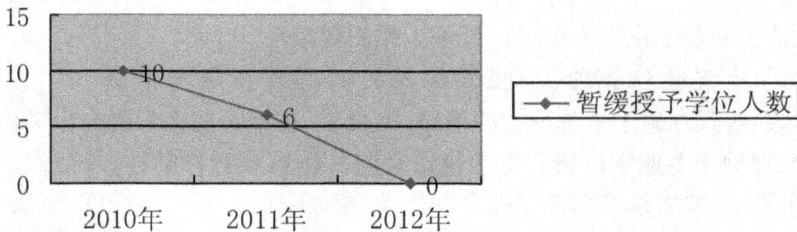

2010年-2012年暂缓授予学位人数

图1　2010—2012年暂缓授予学位人数

从上图可以看出,正式实施教育硕士学位论文学术不端行为检测近三年来,因复制比过高而暂缓授予学位的教育硕士人数逐年减少,教育硕士的学术规范意识逐步加强,对保证和提高教育硕士学位论文质量起到了积极作用。

3. 加强教育硕士毕业后的学位论文抽检工作

对教育硕士学位论文质量的监控不仅仅局限于教育硕士在读期间,2012年,学校加强了对已毕业的教育硕士学位论文的抽检工作,全面评估各专业领域教育硕士专业学位研究生的培养质量。目前,研究生院主持开发的教育硕士学位论文抽检系统已经上线,系统目前共收集了2009—2011年期间毕业的教育管理、学科教学(语文)、学科教育(数学)、学科教育(英语)四个专业领域的教育硕士共500余篇学位论文,接受校外专家的抽查评阅。今后,学校将把教育硕士学位论文抽检工作常态化,并将扩大抽检范围,及时反馈抽检结果,对学位论文抽检不合格的教育硕士研究生将作出相应的处理,全面保证教育硕士学位论文质量。

三、存在的不足及对策

　　经过十几年的发展,我校力求教育硕士专业学位研究生学位授予工作的科学性、规范性、严谨性,以教育硕士学位论文质量为重点,不断提高教育硕士学位授予质量。但在实际工作中,还存在着一些不足需要加强和改进,针对这些不足,我们提出了一些建议及对策。

　　(一)兼职导师作用发挥不充分,有待加强

　　由于教育硕士都来自基础教育的第一线,专业学位的培养目标也侧重于应用性和实践性,而高校很多教育硕士导师虽然在学术上有很深的造诣,但对基础教育并不熟悉和了解,为了弥补这个不足,我校对教育硕士实行"双导师制",聘请一些中学里有丰富教学经验、有高级职称的教师担任教育硕士的兼职导师,共同指导教育硕士的学习和实践。但从实际情况来看,兼职导师发挥的作用与预期相去甚远,对教育硕士至关重要的学位论文主要还是依靠校内导师指导,而校内导师一方面因为科研任务重,指导的学术型博士或学术型硕士数量较多,对教育硕士的指导有心无力;另一方面校内导师本身对基础教育不了解,没有实际基层教学经验,指导教育硕士完成一篇有关基础教育教学实践的优秀学位论文存在一定的困难。

　　鉴于此,我们认为应该充分发挥兼职导师的指导作用,一是将兼职导师纳入到教育硕士培养的整个环节,除了教学实践环节外,还应该在论文选题、论文撰写、论文答辩这些环节上与校内导师充分沟通,通力合作,共同指导教育硕士;[2]二是对兼职导师要有考核机制,与个人奖金、招生指标分配等挂钩。对培养高质量的教育硕士兼职导师要有一定的奖励制度,比如指导的教育硕士学位论文连续三年获得校级优秀论文,可给予表彰和奖励;在招生录取上给予倾斜,允许其推荐学生优先录取教育硕士。对于指导的教育硕士学位论文在"盲评中"连续出现不合格情况,可与其解聘,暂停指导教育硕士资格等。[3]通过这些措施调动兼职导师的积极性,并对其加以监督,充分发挥兼职导师在提高教育硕士培养质量的作用。

　　(二)教育硕士学位论文的过程管理还不够完善

　　学位论文是教育硕士培养环节中的重要一环,是培养质量的重要体现。目前我校教育硕士培养形式多样,有在职教育硕士、全日制教育硕士、免费师范生在职攻读教师硕士等,无论那种形式,一个共同的特点是在校时间短,教学工作或教学实践消耗大量精力,导致教育硕士研究生撰写论文时间较短;由于长期不在学校,与论文指导老师面对面沟通交流机会少,教育硕士往往是临近答辩时间才提交论文,部分指导老师因为时间关系来不及精雕细琢,也是草草签字同意答辩。上述这些客观情况导致教育硕士学位论文的质量无法得到保证,为此,我们认为应从以下几个方面进一步加强教育硕士学位论文的过程管理:(1)严格执行"选题—开题—论文撰写"的程序。提倡选题与学生教学工作紧密结合,论文开题与论文答辩要间隔足够的时间,对于需要参加教学实践的教育硕士建议在实践开始前进行论文开题,在教学实践期间能与工作相结合进行论文撰写工作,在学位论文写作阶段,可采取现场报告、视频会议、邮件汇报等多种形式开展中期检查,确保导师对论文写作的进度、完成情况有一个全面的了解;(2)开发学位论文指导系统。在学位论文写作阶段,大部分教育硕士不在学校,与论文指导老师联系较少,特别是免费师范生在职攻读教育硕士后更加剧了这种局面,这对教育硕士学位论文的写作产生了一定的影响。应充分利用现有的网络资源,如免费师范生信息化学习港等,开发学位论文指导系统,系统可包含多人视频通话、即时通讯、文本修改等功能,通过指导系统,校内外导师可以随时对学生进行指导,学生也能随时得到导师的指点。

（三）教育硕士学位论文监控手段缺乏针对性,应实行更加精细化的管理

目前我校对教育硕士学位论文采取的监控手段整体上能保证和提高学位论文质量,但教育硕士专业学位有其自身的特点,比如学生来源大多都是工作在教育一线的教师,培养目标是培养具有较高教学水平和教育研究能力的教育家或教育管理者,现有的监控手段在合理性、科学性上还有一定的缺失,表现在:(1)教育硕士学位论文评价指标过于粗犷,应针对教育硕士更加细化,比如选题是否对教学工作有理论意义或实际价值,论文在教学工作中的推广价值如何等等,评价指标要有明确的导向性,强调学位论文在教学工作中的实际应用性和创新性,同时评价标准有定量分析和定性分析相结合,方便评阅专家给出客观的评阅结果;[4](2)学位论文评阅专家的选择单一化。目前教育硕士学位论文评阅专家的选择与学术型研究生并无太大区别,主要为各高校相关专业领域的专家学者,这对教育硕士学位论文的评阅并不一定客观合理。应完善教育硕士学位论文评阅专家库的建设,除高校相关专家学者外,还要将工作在教学一些的丰富教学经验的特级教师等纳入到其中,保证评阅结果的公正、客观。

参考文献:

[1]王强,李继凯,杨祖培.关于教育硕士专业学位研究生教育的回顾与思考[J].学位与研究生教育,2009(1).

[2]郑冬梅.产学研相结合探索全日制专业学位研究生培养模式[J].中国高校科技与产业化,2009(6).

[3]王强.自主招生形势下提高教育硕士培养质量的探索与实践[J].浙江师范大学学报(社会科学版),2006(3).

[4]张勋,孙庆祝.体育专业教育硕士学位论文评价体系研究[J].山东体育学院学报,2007(10).

对外汉语和汉语国际教育

——专业和学科之辨①

李向农1　贾益民2

（1. 华中师范大学语言与语言教育研究中心；2. 暨南大学华文学院）

提要：本文概述了"对外汉语"和"汉语国际教育"作为专业或学科设置和发展的基本情况，简要介绍了中文学科教学指导委员会对于"对外汉语"和"汉语国际教育"的专业性质的讨论，分析了其在专业和学科建设方面存在的问题，并提出汉语国际教育的定性及学科体系的思考。

关键词：对外汉语；汉语国际教育；专业；学科；建设

随着汉语国际推广进程的加快，全球"汉语热"持续升温，"对外汉语"和"汉语国际教育"作为对外汉语教学的人才培养载体，社会关注度日益提高。作为参与"对外汉语"和"汉语国际教育"的教育工作者，我们感到"对外汉语"和"汉语国际教育"在专业设置上还存在认识上不够全面、未达共识，在学科建设方面还存在不够系统、未能完善的地方。就此，我们提出一些我们的分析和建议。

一、对外汉语和汉语国际教育

（一）对外汉语专业

1985 年，经国家教委批准，北京语言学院、北京外国语学院、上海外国语学院、华东师范大学四所大学开设了第一批对外汉语教学专业（全日制本科）。教育部1998 年颁布的《普通高等学校本科专业目录》中专业代码和专业名称为"050103 ＊对外汉语"（＊表示控制设置专业）。

至 2005 年，全国有 62 所高等院校开设对外汉语教学本科专业，每年招生近4000 人。截至 2007 年共审批 87 所院校开办。2008 年，教育部高教司审批新增"对外汉语"专业高校 31 所，其中独立学院 7 所。2009 年审批新增 15 所，其中独立学院 7 所。至此，开设对外汉语专业的高校达到 133 所（笔者根据有关资料统计）。但是，最近从网络上看到："对外汉语专业成为国家重视、社会关注的热门专

---

①　本文为"211 工程"重点学科建设项目"中华文化繁荣发展中的汉语学科创新"的成果。

业。截至2009年,全国共有285所高校开设了对外汉语专业,其中既有一本、二本院校,也有三本院校。"[1]此外,还有一种说法:"目前,我国开展对外汉语教学的院校约330余所,每年接受来华学习汉语的外国留学生约四万人。各学校开展多层次、多形式的教学,逐步形成了完整的教学系列和教学网络。"(摘自教育部门户网站《对外汉语教学工作简介》。笔者根据情况分析,该《简介》成文不会早于2000年;认为其中"开展对外汉语教学的院校约330余所"应该理解为举办外国留学生教育教学的院校,不等于设置对外汉语专业的院校)。

1986年,北京大学和原北京语言学院等院校开始培养对外汉语教学方向的硕士研究生。1999年,国家批准在北京语言文化大学设立了我国第一个对外汉语教学专业博士点。

(二)汉语国际教育硕士

2006年10月和2007年1月,国务院学位委员会办公室先后在北京和上海召开了两次"汉语国际教育硕士专业学位论证工作会"。2007年1月,在国务院学位委员会第23次会议上通过设置汉语国际教育硕士专业学位。"汉语国际教育"是指面向海外母语非汉语者的汉语教学。汉语国际教育硕士专业学位英文名称为"Master of Teaching Chinese to Speakers of Other Languages",简称MTCSOL(《关于下达〈汉语国际教育硕士专业学位设置方案〉的通知》(学位〔2007〕10号),国务院学位委员会2007年3月30日)。

2007年5月31日,国务院学位委员会办公室下达《关于开展汉语国际教育硕士专业学位教育试点工作和推荐全国汉语国际教育硕士专业学位教育指导委员会委员人选的通知》,批准北京大学、中国人民大学、北京师范大学等24所研究生培养单位开展汉语国际教育硕士专业学位教育试点工作。同年,第一届汉语国际教育硕士专业学位教育指导委员会成立。2009年9月,国务院学位办再次下发通知,批准中国传媒大学、中央民族大学等39所院校新增为专业学位培养单位。至此,中国汉语国际教育硕士专业学位研究生培养单位增至63所,北京地区增至8所。

2007年10月28日,在职攻读硕士学位全国联考(GCT)举行,这也是我国汉语国际教育硕士专业学位招生考试的第一年。"招生对象一般为学士学位获得者。具体包括以下三种类型:(1)大学本科应届毕业生;(2)具有学士学位或同等学力有志于从事汉语国际推广工作的人员;(3)海外具有同等资质的汉语教师或专业人员。"[2]不过,在2007年的首届招生中规定具有两年及以上工作经历的在职人员具备报名资格,共有1715人报名,实际考试人数有1418人。2008年2月,第一批MTCSOL入学。因为培养性质属于非全日制,所以毕业生将颁发硕士专业学位证书(一般称为"单证硕士")。

值得一提的是,在2008年全国硕士研究生统一招生考试专业目录中,曾经在"中国语言文学"二级学科目录中增设了"050180汉语国际教育硕士"。这就意味着本科应届毕业生也可以报考。而后,教育部高校学生司2009年9月3日《关于编制 2010 年硕士研究生招生专业目录的通知》中指出："招生专业目录中使用的学科、专业名称及代码应严格执行教育部《关于启用〈招收研究生的学科、专业名称代码册〉的通知》（教学司〔2006〕20 号）要求……上述代码册中的工商管理硕士（120280）、法律硕士（030180）、软件工程硕士（081280）、建筑学硕士（081380）、教育硕士（040180）以及后增的公共管理硕士（120480）、汉语国际教育硕士（050180）等专业学位代码 2010 年起不再使用。"取代"汉语国际教育硕士（050180）"的是《2010 年招收全日制研究生专业学位类别领域代码》中的：

　　5701 汉语国际教育硕士

　　570100 汉语国际教育硕士

　　这一变动意味着"汉语国际教育"定位为专业学位硕士，与学术型硕士分道扬镳。

　　2009 年是中国硕士研究生统一招生考试发生重大变化的一年。"为适应我国当前的社会经济形势对研究生教育结构转变的需要，教育部决定从 2009 年开始，除工商管理硕士（MBA）、公共管理硕士（MPA）、工程硕士的项目管理方向、公共卫生硕士、体育硕士的竞赛组织方向、艺术硕士等管理类专业和少数目前不适宜应届毕业生就读的专业学位外，其他专业学位面向应届毕业生招收专业学位研究生，实行全日制培养。"[3]

　　2009 年总计招收的 46 万名硕士生区分为 41 万名"学术型学位硕士生"和 5 万名"专业学位硕士生"，包括汉语国际教育硕士在内的一批专业硕士学位增列为应届本科毕业生可以报考的全日制（两年）"专业型学位硕士生"，属于学历教育，颁发毕业证书和学位证书。同时发生变化的是自 2007 年开始招生的在职人员攻读的汉语国际教育硕士专业学位，从 2010 年停止招生，这类硕士生总共只招收了 3 届。

二、专业和学科

　　"考研教育网"《汉语国际教育硕士专业学位全方位接触》一文中，在报道汉语国际教育硕士专业学位获得设置批准时有一句评论性话语："专业人士认为，这标志着对外汉语专业已经成为一门独立学科。"[4]如果这样说的话，在这个意义上，汉语国际教育又是什么地位呢？专业乎？学科乎？

　　（一）"对外汉语"和"汉语国际教育"的关系

　　什么是学科？什么是专业？

　　所谓学科，它的含义有两个：一是作为知识体系的科目和分支，它与专业的区别在于它是偏就知识体系而言，而专业偏指社会职业的领域，因此，一个专业可能要求多种学科的综合，而一个学科可在不同专业领域中应用；二是高校教学、科研等的功能单位，是对教师教学、科研业务隶属范围的相对界定。学科建设中"学科"的含义偏指后者，但与第一个含义也有关联。长期以来学科和专业的概念经常被混淆,专业被等同于二级学科。

专业和学科是不同的,但也密切相关,相辅相成。一方面,专业以学科为依托、为后盾;学科的发展又以专业为基础。学科为专业建设提供发展的最新成果、可用于教学的新知识、师资培训、研究基地;而专业主要为学科承担人才培养的任务和发展的基础,更主要的是为社会的发展提供高素质的劳动者。另一方面,从面向社会培养人才的角度来看,学科的作用是间接的。在专业定位及培养目标、专业口径、教学计划、教学内容、教学方法、教学手段的研究与使用、教材、实验设计与开设、教学管理制度等方面的问题,学科建设是无法替代的。因此,将专业与学科混淆,或主张学科建设代替专业建设的观点是不正确的。以学科建设代替专业建设的结果必然是削弱专业特有内容的建设,不利于专业的改革与发展,因此,理清关系、搞好专业建设,给专业建设适当的地位很有必要。(山东政法学院高教研究与学科建设办公室)[5]

那么,对外汉语专业和汉语国际教育硕士之间又是什么关系呢? 刚好在教育部网站上有个帖子:

问:《普通高等学校本科专业目录》与学位办颁布的学科分类代码在学科和专业分类上有何不同?

答:教育部 1998 年颁布的《普通高等学校本科专业目录》,适用于本科教育。国务院学位办 1997 年颁布的《授予博士、硕士学位和培养研究生的学科、专业目录》,适用于研究生教育。两个目录在学科门类划分上基本相同;研究生目录的一级学科、二级学科与本科目录的专业类、专业因人才培养规格、层次的不同,而在划分上有较大差异。[6](楷体)

据此,从本科专业目录来看,05 文学学科门类包含专业类"0501 中国语言文学类、0502 外国语言文学类、0503 新闻传播学类、0504 艺术类",其中,中国语言文学专业类包含"050101 汉语言文学、050102 汉语言、050103 * 对外汉语、050104 中国少数民族语言文学(可注明藏、蒙、维、朝、哈等语言文学)、050105 * 古典文献"5 个专业。

以研究生目录中的"0501 中国语言文学"一级学科而论,它包含"050101 文艺学、050102 语言学及应用语言学、050103 汉语言文字学、050104 中国古典文献学、050105 中国古代文学、050106 中国现当代文学、050107 少数民族语言文学、050108 比较文学与世界文学"8 个二级学科。

这样看来,在对外汉语的专业建设上,本科教育早于研究生教育。"目前,我国的学科设置和汉语国际教育人才培养体系无法满足汉语国际推广的需要,主要表现在:一是缺乏独立的学科依托。现有研究生学科、专业目录没有独立的对外汉语学科,人才培养主要分散在中国语言文学、外国语言文学、教育学等不同学科领域,不利于培养汉语国际推广需要的综合性人才……"[7]

根据"专业以学科为依托、为后盾;学科的发展又以专业为基础"的说法,应该可以认为对外汉语专业以中国语言文学为依托和后盾,中国语言文学的学科发展又需要对外汉语提供基础支持。"长期以来,对外汉语教学分别在中国语言文学一级学科下的语言学及应用语言学、汉语言文字学,外国语言文学一级学科下的外国语言学及应用语言学,以及教育学一级学科下的课程与教学论等学科、专业下,开展教学研究和学科建设,并招收研究生,取得了显著的成果。"[8]这样也许可以比较好地理解"对外汉语"专业对于中国语言文学的学科建设的作用和地位,但"对外汉语"跟"汉语国际教育"是二元平行关系还是上下位从属关系还是专业与学科的关系,还有待论证。我们这么说,是因为下面的情况很是耐人寻味。

(二)"对外汉语"专业名称的存废之争

在经历了 1987 年第一次修订目录、1993 年第二次修订目录、1998 年第三次修订目录之后,高校本科专业目录的修订工作于 2010 年再次启动。新一轮修订工作遵循科学规范、主动适应、继承发展的原则。科学规范要求专业目录修订应保证专业的划分符合人才培养规律和学科发展逻辑,做到科学、系统、规范。应保证专业的划分符合人才培养规律和学科发展逻辑,做到科学、系统、规范;应具有一定的前瞻性,合理确定人才培养口径,为新兴学科的发展留有空间,能够主动适应经济、社会、文化和教育的发展需求;应保留符合规律的、成熟的、社会需求较大的既有专业。同时,要根据学科发展、市场需求、教育国际化等要求进行调整。预计大批新兴的、交叉型的学科有望进入目录。[9]

教育部中文学科教学指导委员会在讨论中国语言文学类专业时,对于"对外汉语"专业的名称,形成了两种意见和建议。

1."对外汉语"专业改名为"汉语国际教育"

本科专业名称,应该能够准确体现教学目的,反映课程体系的内涵及性质。由此出发,我们认为使用"汉语国际教育"名称更为妥当。其理由如下:

(1)就培养对象而言,该专业学生一律来自国内,由普通高考途径录入大学。学生的母语是汉语而非外语。对这些学生采用的是母语教学,而非外语教学。而"对外汉语"的意思是对外国留学生进行汉语教学,其对象是母语为非汉语的外国学生。这样说来,使用"对外汉语"名称,便有牛头对马嘴之嫌。

(2)就教学目的而言,该专业培养热爱祖国、热爱母语、熟悉汉语特点及中国文化知识、具有推广和传播汉语的能力、富有跨文化交际意识并能够进行汉语国际化有关学术问题初步研究的专门人才。此一目的,以"汉语国际教育"命名最为贴恰。

(3)就课程体系而言,大致包括三方面内容,一是语言(指听说,目前主要是汉语和英语)及语言学知识(语音、词汇、语法基础),二是中外文化知识(东西方文化传统、语言习惯、民俗差异等),三是语言教学法(听、说、读、写、译之间的关系,汉语跟非汉语的关系)。这一体系,远非"对外"所能概括,亦非"汉语"可以包容。

相关的意见:

(1)"对外汉语"之名在学理上不通,从学术角度说,汉语就是汉语,本质上没有"对内汉语"和"对外汉语"之分,功能作用的表达不宜作为学科名称;

(2)办学实践证明,这个专业现有学科框架下,门槛太低,一哄而上各校都办"对外汉语",质量无法保证,就业无法实现(事实上对口就业率非常低);可以和专业硕士招生的学科名称统一起来。

"对外汉语"改为"汉语国际教育"是必要和可行的,但建议将此类课程挪到汉语国际教育学院或对外汉语学院,因为此类专业的实践性、适用性很强,就像师范大学中文系学生毕业前要到中学实习一样,此专业的学生也需要到留学生课堂进行实习,而国内很多文学院或中文系不能提供专业实习,课程设置也不符合就业需要,造成此专业毕业生就业困难。课程设置不合理、不科学和培养手段不配套、培养目标不清晰是目前各个大学文学院或中文系的对外汉语专业的普遍问题。因此,调整到专门从事留学生教育的汉语学院或文学院与汉语学院共同培养是必要和合理的。

"对外汉语"保留专业并改名"汉语国际教育"后,应强调"汉语国际教育"与对外汉语专业的衔接性与中国语言文学一级学科对其的主导性,以免又造成学校外办掌控的混乱格局。

2."对外汉语"专业名称仍取"对外汉语"

"对外汉语"已经约定俗成,不改为好。

"汉语国际教育"这一名称极不合适,"对外汉语"口径更宽,不改为好,因为其所涵盖的不仅仅是对外汉语教学,还包括各种对外语言服务(国外还有汉语翻译、汉语情报信息分析、汉语产品开发等很多汉语人才需求,最近几年仅通过国家招募的就不少)。

另需要强调的是:现有的"对外汉语"专业较宽的口径,就业已经很困难,我们办有这些专业的学校已经深感压力。如果进一步缩小为"汉语国际教育",学生毕业后到哪里去呢?且不说本科,就连现有的全国大批量招收的"汉语国际教育"(已经改为学历学位双证)和"对外汉语教学"研究生就业就已经十分困难了!再者,把研究生专业学位的名称拿来作为本科专业名称,似乎也不合适。此外,缩小专业口径的做法与现在倡导的宽口径、厚基础的人才培养理念也是背道而驰的。[10]

从以上的名目之纠结,似乎已经可以表明,无论是"对外汉语",还是"汉语国际教育",不管是从专业还是从学科的角度来说,都还处于有待成熟的状况。

三、问题和思考

(一)专业建设方面的问题

我们还深刻地感觉到,无论是"对外汉语",还是"汉语国际教育",在专业或学科建设方面,都存在比较明显的问题。

（1）院（系）设置的基本特征是语言跟文学联合，汉语跟外语分家，导致语言环境单一，不利于专业发展和学科建设。而比照境外的大学则显见其专业和学科的交叉性：

澳大利亚昆士兰大学语言与比较文化研究学院

香港中文大学现代语言及文化系

香港理工大学中文及双语学系

香港城市大学中文、翻译及语言学系

美国雷丁大学语言和应用语言学研究学院

美国加州大学洛杉矶分校东亚语言文化系

法国巴黎东方语言文化学院

（2）专业设置所在的院（系）师资专业背景单一，基本上都是中国语言文学专业；由于办学格局是专业跟随院（系），因此校内相关教学资源难以有效整合。

（3）本科生培养阶段少有学校开设"应用语言学"等扩展性、实践性较强的课程，以及强化和提升英语水平的课程。硕士生课程亦开出率不高，缺失较多。

（4）教材缺乏，知识更新缓慢，知识体系未能完善。

（5）缺少见习、实习、研习条件，基本上不具备实验条件，不能满足课程教学和实践对于统计与测量、考察与验证、问卷与调查的要求。

（二）汉语国际教育的定性及学科体系的思考

2010年10月，在华中师范大学召开了第四届"语言与国家"高层论坛暨第三届全国应用语言学系主任会议。暨南大学贾益民教授在会上做了《汉语国际教育的定性及学科体系的思考》的大会发言，对汉语国际教育的定性及学科体系进行了深入思考，提出了较全面的意见。他认为：

1. 汉语国际教育是关于国际汉语教学和中国语言文化国际传播的一门科学

学科定位：汉语国际教育是一门独立的边缘性的人文社会学科。

学科属性：汉语国际教育属于人文社会学科，它与哲学、中国语言文学、外国语言文学、新闻与传播学、教育学、法学、经济学、管理学等学科是平行的学科。

汉语国际教育又是一门独立的边缘学科，具有鲜明的跨学科性质，其所跨学科包括中国语言文学、外国语言文学、教育学、文化学、传播学、艺术学、心理学、国际关系学、华人华侨学等。

2. 汉语国际教育的支撑学科体系

（1）中国语言文学（其中汉语言学是主体）

（2）外国语言文学（其中外语教学理论是主体）

（3）教育学（含教育理论、教学论、教学法、课程论、教材论、学习论、测试论、教育法、教育管理学、教育经济学、教育技术学等）

（4）文化学（含历史文化学、民俗文化学、地理文化学、比较文化学、交际文化学等）

（5）传播学（其中中国语言文化传播是主体，同时含语言传播学、文化传播学、传播技术学等）

（6）心理学（含教育心理学、认知心理学、语言心理学、学习心理学、文化心理学等）

（7）艺术学（其中艺术教育学为主体，含音乐教育学、美术教育学、舞蹈教育学等）

（8）国际关系学（其中中外关系学为主体）

（9）华人华侨学（含华人华侨政治、华人华侨经济、华人华侨历史、华人华侨文化、华人华侨教育、华人华侨社会等）

以上学科既是汉语国际教育最重要的支撑学科，同时也是其横跨的主要学科。

3.汉语国际教育的基础理论体系

（1）国际汉语教学与习得理论

A.汉语作为第二语言的教学与习得（面向非华裔外国人、华人华侨）

B.汉语作为母语（第一语言）的教学与习得（主要面向华人华侨）

C.汉语作为双语或多语种之一的教学与习得（面向非华裔外国人、华人华侨）

（2）文化教学与传播理论

A.文化教学理论

B.文化接受理论

C.文化传播理论

D.跨文化交际理论

（3）汉语国际教育史

A.历史与现状

研究汉语国际教育的昨天（历史）、今天（现状）、明天（未来）。

B.学科史

包括国别史（如美国汉语教育史、日本汉语教育史等）、国际史（如：欧洲汉语教育史、东南亚汉语教育史等）、世界史（如世界汉语教育史）。

4.汉语国际教育的应用理论体系

（1）国际汉语教学能力（主要包括汉语基础知识、教学设计、教材编写与使用、课堂教学、语言测试、教学评估、教具制作、现代教育技术应用、教学组织与管理、教学调查分析等）

（2）中国文化传播能力（主要包括中国文化基础知识与技能、才艺展示、各种文化活动的组织、文化宣传等）

（3）跨文化交际能力（主要包括外语能力、国际礼仪、跨文化交际技巧等）

（4）国际汉语教师培训（主要包括培训设计、培训的组织与实施、培训评估等）

总之，汉语国际教育师资是一种高层次、复合型、应用性的国际化专门人才。

我们认为，贾益民对汉语国际教育的学科定性及学科体系的思考与界定尽管

是纲要性的,但非常符合世界汉语国际教育的实际,且具有如下特点:

(1)明确界定了汉语国际教育的学科属性;

(2)汉语国际教育学科体系层级清晰;

(3)把面向非华裔外国人和面向华人华侨的汉语国际教育作为一个整体提了出来;

(4)把汉语教学与文化传播紧密结合起来,突出其应用性。

参考文献:

[1]专业解析:285所高校开设对外汉语专业[EB/OL]. http://blog. sina. com. cn/s/blog_5169bbd50100niwc. html.

[2]汉语国际教育硕士专业学位论证专家小组. 关于《汉语国际教育硕士专业学位设置方案》的说明》[EB/OL]. http://www. eol. cn/qt_bei_kao_5398/20070621/t20070621_239097. shtml,2007 - 06 - 21.

[3]国务院学位办主任、中科院院士杨玉良就硕士研究生教育结构调整答记者问[EB/OL]. http://yz. chsi. com. cn/kyzx/kydt/200903/20090303/18430606. html,2009 - 03 - 03.

[4]汉语国际教育硕士专业学位全方位接触[EB/OL]. http://www. cnedu. cn/news/2008/6/qi1754394548116800214896. html,2008 - 06 - 11.

[5] http://www. sdupsl. edu. cn/xkjs/Article_Show. asp? ArticleID = 99.

[6]《普通高等学校本科专业目录》与学位办颁布的学科分类代码在学科和专业分类上有何不同? [EB/OL]. http://www. moe. edu. cn/publicfiles/business/html-files/moe/moe_1354/200909/51711. html,2009 - 09 - 09.

[7]汉语国际教育硕士专业学位论证专家小组. 关于《汉语国际教育硕士专业学位设置方案》的说明》[EB/OL]. http://www. eol. cn/qt_bei_kao_5398/20070621/t20070621_239097. shtml,2007 - 06 - 21.

[8]汉语国际教育硕士专业学位论证专家小组. 关于《汉语国际教育硕士专业学位设置方案》的说明》[EB/OL]. http://www. eol. cn/qt_bei_kao_5398/20070621/t20070621_239097. shtml,2007 - 06 - 21.

[9]教育部. 启动新一轮高校本科专业目录的修订工作,建立主动适应经济社会发展需要的本科专业目录和专业设置管理新机制[N]. 中国教育报,2010 - 09 - 27.

[10]教育部中文学科教学指导委员会秘书处情况通报[Z]. 2010.

(刊载于《湖北大学学报(哲学社会科学版)》2011年第4期)

关于汉语国际教育硕士的培养①

汪国胜

（华中师范大学语言与语言教育研究中心）

提要：本文从目标定位、培养要求、课程设置、培养思路等四个方面讨论了汉语国际教育硕士的培养。文章认为，对于汉语国际教育硕士的培养，不可忽视汉语基础的夯实，不光要求具有熟练的教学技能，还应要求具有良好的研究素质。

关键词：汉语国际教育；培养

汉语国际教育硕士专业学位设置于 2007 年。当年，北京师范大学、华东师范大学等 24 所部属高校作为试点培养单位，招收了首届非全日制学生。2009 年，新增培养单位 39 所，并开始面向应届毕业生招生，实行全日制培养。

我们知道，语言代表国家的核心利益，是文化传承和发展的重要载体，是民族认同的重要标志，是国家软实力的重要体现。加强汉语的国际传播，加快汉语走向世界，是提高我国综合实力、扩大我国国际影响的战略举措。汉语国际教育硕士专业学位的设置，正是为了适应"加快汉语国际化进程"的迫切需要，满足不断升温的"国际汉语热"对于海外汉语教师的巨大需求。但汉语国际教育硕士专业学位毕竟是刚刚设置的，缺乏可以借鉴的现成经验，目前的培养工作应该说还是处在一种探索阶段。2009 年 7 月，国家汉办和"教指委"（汉语国际教育硕士专业学位教育指导委员会）组织了对试点单位的汉语国际教育硕士专业学位研究生培养工作的中期检查。这次检查，实际上也是一次工作研讨，评估专家跟受检单位的相关领导及课程教师交换了意见，但认识上不尽一致。培养目标怎么定位？培养要求如何把握？应该设置哪些课程？采取什么样的培养思路？这些都是需要深入探讨和有效解决的问题。只有很好地解决了这些问题，才能保证汉语国际教育硕士的培养质量，向海外派出真正能胜任汉语教学的优秀教师。

一、目标定位

2007 年 12 月，以国务院学位办的名义，公布了《汉语国际教育硕士专业学位研究生指导性培养方案》。《方案》中对培养目标做了明确的定位：培养具有熟练的汉语作为第二语言教学技能和良好的跨文化交际能力，适应汉语国际推广工作，

---

①　本文为"211 工程"重点学科建设项目"中华文化繁荣发展中的汉语学科创新"的成果。

胜任多种教学任务的高层次、应用型、复合型专门人才。2007 年,24 所试点高校招收的都是非全日制学生,这个《方案》(下称"07《方案》")实际上主要是针对非全日制学生制定的。2009 年开始招收全日制学生,国务院学位办又于 5 月份公布了《全日制汉语国际教育硕士专业学位研究生指导性培养方案》(下称"09《方案》"),将培养目标确定为:主要培养具有熟练的汉语作为第二语言教学技能和良好的跨文化传播技能、跨文化交际能力,适应汉语国际推广工作,胜任多种教学任务的高层次、应用型、复合型、国际化专门人才。

　　比较两个方案,我们不难看出:"09《方案》"跟"07《方案》"有所不同的是,前者增加了"跨文化传播技能"和"国际化"的内涵,但从本质上来说,两者是一致的,都是突出应用性,把"教学技能"和"交际能力"作为汉语国际教育硕士培养的核心要求和目标定位。

　　诚然,作为汉语国际教育硕士,要求其具有过硬的"教育"本领,这是毋庸置疑的;但同时还应该认识到,其"教育"的主要内容是"汉语",因此在培养目标中也应该对汉语基础提出明确要求。巧妇难为无米之炊。如果没有扎实的汉语基础,就是有再高超的教学技能,也是难以胜任汉语的国际教育的。同时,对于教师,还要特别重视师德的培养。如果我们的这种认识成立的话,那么,汉语国际教育硕士的培养目标就可以定位为通过课程学习和教学实践,使学生具有良好的思想品格和职业道德,扎实的汉语言、汉文化和外语基础,熟练的汉语对外教学、中华文化传播和跨文化交际技能,成为能适应汉语国际推广工作的高层次、应用性、复合型、国际化的专门人才。

　　两个《方案》对汉语基础都未做要求,也许是因为在制定者看来,以汉语为母语的学生,其汉语水平可以满足教学的需要。有学者就认为:"他们已经具备足够用的汉语知识"(蒋小棣,2009:22)。这种看法在一定程度上反映了《方案》研制者的一种认识。但事实上,学生的汉语知识是欠缺的,别说是非汉语类专业背景的学生,就是汉语言、汉语言文学和对外汉语专业的学生,其汉语基础同样有待加强。2007 – 2010 年所招收的全日制和非全日制学生,就明显地暴露出这种实际情况,他们的汉语基础远没有我们想象的那么实在。

二、培养要求

　　培养目标是对培养规格或标准的一种宏观定位,培养要求则是对培养目标的一种具体描述。培养目标能否实现,决定于培养要求的是否合理,并能否得到很好的落实。

　　"07《方案》"提出的培养要求是:

　　(1)掌握马克思主义基本理论,具备良好的专业素质和职业道德;

　　(2)热爱汉语国际教育事业,具有奉献精神和开拓意识;

　　(3)具有系统的专业知识、较高的中华文化素养和跨文化交际能力;

（4）具备熟练的汉语作为第二语言教学技能；

（5）能流利地使用一种外语进行教学和交流；能熟练运用现代教育技术和科技手段进行教学。

"09《方案》"提出的培养要求是：

（1）掌握马克思主义基本理论，具备良好的专业素质和职业道德；

（2）热爱汉语国际教育事业，具有奉献精神和开拓意识；

（3）具备熟练的汉语作为第二语言教学技能，能熟练运用现代教育技术和科技手段进行教学；

（4）具有较高的中华文化素养和跨文化交际能力；

（5）能流利地使用一种外语进行教学和交流，具有跨文化交际能力；

（6）具有语言文化国际推广项目的管理、组织与协调能力。

就基本思想而言，两个方案所提出的培养要求应该说是大体一致的，不过比较来说，"09《方案》"对要求的表述显得更有条理。但两个方案对于汉语基础的要求都是不够明确的，至少是不突出的；至于研究能力方面，则没有提出任何要求。这同样也反映出方案研制者对于汉语基础、研究能力等方面不予重视的一种态度。

根据两个方案的基本思想，我们认为，对于汉语国际教育硕士，无论是全日制的，还是非全日制的，应该明确地提出四个方面的具体要求。

第一，思想品德。要求：（1）掌握马克思主义基本理论；（2）热爱汉语国际教育事业；（3）具有良好的职业道德和崇高的奉献精神。

第二，基础知识。要求：（1）系统掌握汉语基础知识；（2）深入了解中华文化；（3）具有较高的外语水平。

第三，教学及交际技能。要求：（1）具有熟练的汉语作为第二语言教学的技能、传播中华文化的技能和跨文化交际的技能；（2）能熟练地运用现代教育技术进行教学。

第四，研究及管理能力。要求：（1）具有一定的汉语言文化及教学的研究能力；（2）具有汉语国际推广项目的管理、组织与协调能力；（3）具有一定的教育管理能力。

上述四方面的要求，也可以进一步概括到"德、智、能"三个方面。只有达到了这些方面的培养要求，才能实现所定的培养目标，使学生成为高层次、应用性、复合型、国际化的汉语国际教育的专门人才。

三、课程设置

培养的目标和要求需要通过课程的设置和教学来实现。在汉语国际教育硕士的课程设置上，两个方案有着明显的不同，反映了思路上的一种调整。

"07《方案》"将课程分为"公共"、"必修"和"选修"三类，其中"必修"类又分为五个板块。具体课程见表1所示。

表1

类　型		课　程　名　称
公共课		政治;外语。
必修课		汉语语言学导论;汉语作为第二语言教学法;第二语言习得导论;中华文化与跨文化交际;课堂教学研究。
选修课	语言类	汉语语音概说;汉语语法概说;汉语词汇概说;汉字概说;汉外语言对比。
	教学类	汉语测试与教学评估;汉语教材分析与编写;汉语教学案例分析;现代教育技术及教学应用。
	文化类	中国思想史;当代中国概况;国际政治与经济专题;国别与地域文化;礼仪与公共关系;中华文化技能。
	教育类	外语教育心理学;国外中小学教育专题;儿童心理发展与成长;教师发展概论;教学设计组织与管理。
	方法类	教学调查与分析;课堂观察研究;案例分析研究。

　　《方案》还规定:学分分布上,公共课为8学分,必修课和选修课均为10学分。除了外语为6学分,其余课程均为2学分。5类选修课,至少从3类中选修。

　　从课程结构看,我们认为《方案》过分地突出了教学类课程,汉语类课程显得份量不足;虽然有的课程带有"研究"的性质,但也都是属于教学方面的。在必修的5门课程中,3门是教学类的,汉语的只有"汉语语言学导论"1门。"教指委"在其制定的"课程说明"中,对这门汉语课程的教学内容提出了明确的建议。建议内容分为18讲:(1)汉语概说;(2)汉语的历史;(3)汉语的语音;(4)汉语的词汇;(5)汉语语法(上);(6)汉语语法(中);(7)汉语语法(下);(8)语言与文字概说;(9)现代汉字;(10)语用理论与语用分析;(11)汉语的语用功能;(12)结构语言学;(13)功能语言学;(14)认知语言学;(15)语言研究的基本方法;(16)汉语语言学研究(上);(17)汉语语言学研究(下);(18)复习考试。每讲2学时,里面又包含若干方面的内容。比如:"汉语概说"包括汉语使用现状、汉语的特点、汉语方言和语言规范、汉语在海外的使用、汉语国际传播等内容;"现代汉字"包括现代汉字的形体结构、汉字简化和书写规范、汉字编码、汉字的字音、汉字的字形、汉字的字量、形声字、偏旁部首等内容。("教指委",2008)一门汉语课程,几乎涉及了汉语汉字的方方面面,而且还引入了结构语言学、功能语言学、认知语言学等现代语言学理论,如此繁重的承载,教师该如何把握? 恐怕只能是蜻蜓点水,走马观花。这种不深不浅、不痛不痒的教学,最终将成为一种流于形式的过场,不会有什么实际的效果,不可能如"课程目标"中所要求的那样,使学生"打下坚实的汉语基础"("教指委",2008）。事实上,这一《方案》让人很难贯彻。据笔者了解,武汉的 3 所试点高校就没有照搬《方案》,而是进行了改造,因为《方案》不太切合实际。

如果说在"07《方案》"中还可以看到"汉语"课程,还包含一点"研究"的成分,那么到了"09《方案》",则完全取消了汉语课程和带有研究性的课程。这一《方案》在课程设置的思路和课程结构上做了重大调整,它"以实际应用为导向,以国际汉语教师的职业需求为目标,围绕汉语教学能力、中华文化传播能力和跨文化交际能力的培养,形成以核心课程为主导、模块拓展为补充、实践训练为重点的课程体系"。（国务院学位办,2009）具体的课程设置见表 2 所示。

表 2

类　　型		课 程 名 称
核心课程	学位公共课程	政治;外语。
	学位核心课程	汉语作为第二语言教学;第二语言习得;国外汉语课堂教学案例;中华文化与传播;跨文化交际。
拓展课程	汉语作为外语教学	汉语语言要素教学;偏误分析;汉外语言对比;课程设计;现代语言教育技术;汉语教材与教学资源。
	中华文化传播与跨文化交际	中国思想史;国别与地域文化;中外文化交流专题;礼仪与国际关系。
	教育与教学管理	外语教育心理学;国外中小学教育专题;教学设计与管理;汉语国际推广专题。
	训练课程	教学调查与分析;课堂观察与实践;教学测试与评估;中华文化才艺与展示。

我们看到。除了公共课之外,《方案》中所设置的 23 门课程,差不多 3/4 的为教学、教育类课程,完全忽略了汉语知识的教学,表现了对于教学技能的过于偏重。由于教学类课程设置过多,结果造成了某些课程在内容上的交叉重复。是不是学生真的都"已经具备足够用的汉语知识"？难道真的"过多设汉语知识课是排不上用场的"吗？（蒋小棣,2009:22）事实给予的回答是否定的。别说是学生,就是好些从事多年对外汉语教学的青年老师,也常常感叹"教才深知学之不足",对留学生提出的汉语方面的问题,好些都不能做出圆满的解释,甚至根本就回答不出。当然,知识是需要长期积累的,并不是全靠课程教学来获得的,但如果完全不设汉语课程,势必会造成学生知识结构的缺陷,影响到学生的培养质量。

四、培养思路

对汉语国际教育硕士的培养,当然是要求"德才兼备"。就"才"而言,我们采取的培养思路是:注重基础,突出能力,实行"三个结合"。

首先是课程学习与教学实践的结合。学生通过课程学习,系统掌握汉语言文字(包括语音、词汇、语法、修辞、汉字等方面)、汉文化和外语知识,以及现代教育技术;通过教学实践,获得熟练的汉语作为第二语言教学的技能、传播中华文化的技能、跨文化交际的技能,以及运用现代教育技术和科技手段进行教学的技能。

其次是读书讨论与研究写作的结合。围绕课程学习,指导学生读书,引发学生思考,组织学生讨论,并指导学生就语言教学、语言事实、跨文化交际、教学管理等方面的问题进行研究、撰写论文。通过这种结合,培养学生的问题意识和创新意识、研究能力和写作能力。"教"和"研"是相长的,作为一名优秀的汉语国际教育硕士,不仅要有过硬的教学本领,还要有良好的研究素质,能够独立研究教学中提出的各种问题。

最后是导师指导与集体培养的结合。一方面,为每位学生配备导师,导师负责学生的课程学习和论文写作;另一方面,充分发挥指导小组的整体优势和每位导师的学术特长,强调每位导师有为每位学生提供指导的责任和义务,并通过学术前沿讲座、教学专题研讨、论文开题报告、教学实践活动等形式,实现对学生的集体培养。

通过培养过程的"三个结合",使学生能够过好"三关":(1)基础关——有厚实的汉语言文化基础和外语基础;(2)技能关——有熟练的汉语言教学技能、汉文化传播技能和跨文化交际技能;(3)研究关——有良好的研究素质和学风。(汪国胜,2006)

之所以特别提出"研究关",是因为在我们看来,研究素质无论是对科学学位研究生来说,还是对专业学位研究生来说,都是最基本、也是很重要的一种素质。就汉语国际教育硕士而言,他们将来从事的是汉语的对外教学,教学中肯定会遇到这样那样的语言或教学方面的问题,也肯定会有很多问题是书本上找不到现成答案的,需要自己通过思考和研究来解决。比如,"X里"和"X中"是经常使用的两个方位结构。X后边的方位词"里"和"中",通常指事物的"内里"或"内中",都是"里头"的意思,因此,"里"和"中"往往相通,"X里"和"X中"可以互相替换。如:手里→手中|心里→心中|家里→家中。但是,"夜里"不能说成"夜中",如"我夜里做了一个梦",不能说成"我夜中做了一个梦";"途中"不能说成"途里",如"他正在来武汉的途中",不能说成"他正在来武汉的途里"。(邢福义,1996)这是为什么?学生把问题提出来了,如果我们不做出考察和研究,就回答不了这个问题,就不能清楚地告诉学生"里"和"中"相通的条件和不能换用的情况。又比如,有位对外汉语专业的研究生在课堂上讲,汉语的"搞"是个万能动词,很多句子里的动词都可以换用"搞"字。事实果真是这样吗? 如果并不是都能换用,那么什么条件下可以换用,什么条件下不能换用? 换用后,会不会带来语义和语用上的差异? 诸如此类的问题是很多的,而且往往在我们看来似乎不存在问题的地方,到了外国学生

那里,却产生了疑问。因此,重视研究素质的培养,对汉语国际教育硕士来说,也是必要的。再说,作为教师,如果长期不思考和研究问题,习惯于照本宣科的讲授,会滋生惰性,其教学质量也是难以提高的。

五、结语

如果把"使学生成为能适应汉语国际推广工作的高层次、应用性、复合型、国际化的专门人才"作为汉语国际教育硕士培养的目标定位,那么我们就应该在培养要求和课程设置上得到反映,并通过培养思路的创新来实现。我们认为,对于汉语国际教育硕士的培养,从专业学位的性质考虑,固然需要强调能力的培养,但同时也不可忽视汉语基础的夯实;就能力来说,不光需要有熟练的教学技能,同时还需要有良好的研究素质。作为高层次的汉语国际教育的专门人才,不应该是只会教书、不会思考和研究问题的"教书匠",而应该是"知""能"兼备、能"教"能"研"的行家。激发创新意识,培养探究能力,这对学生来说,将是一种受益终生的教育,这也符合现代教育理论所主张的素质教育的要求。我们不能满足于表面上的"高层次",应该追求实际上的"高水平",培养出真正学得好、用得上、信得过的汉语国际教育人才。值得反思的是,新时期以来,我国的汉语国际推广事业得到了空前的发展,但我们的对外汉语教学的学科基础还不强实,队伍素质也有待提高。应该说,大规模的对外汉语教师的培养,是从汉语国际教育硕士专业学位的设置起步的。我们应该高瞻远瞩,抓住机遇,从汉语国际教育硕士的培养入手,加强对外汉语教师队伍的建设,推进对外汉语教学学科的发展,这样才有助于加快汉语的国际化进程,提升我国的国际地位。

参考文献:

[1]国务院学位办.汉语国际教育硕士专业学位研究生指导性培养方案[Z].2007.

[2]国务院学位办.全日制汉语国际教育硕士专业学位研究生指导性培养方案[Z].2009.

[3]汉语国际教育硕士专业学位研究生教育指导性委员会.汉语国际教育硕士专业学位必修课程"课程说明"(讨论稿)[Z].汉语国际教育硕士专业学位研究生培养试点院校工作会议文件,2008.

[4]蒋小棣.汉语国际教育硕士专业课程设置研究[M].北京:世界图书出版公司,2009.

[5]汪国胜.语言教育论[M].武汉:华中师范大学出版社,2006.

[6]邢福义."X里"和"X中"[J].世界汉语教学,1996(4).

(刊载于《湖北大学学报(哲学社会科学版)》2011年第4期)

师范生免费教育背景下教育硕士多元立体学习模式的研究

王后雄　　马力

（华中师范大学教师教育学院）

摘要：免费师范生本科后结合本职工作攻读教育硕士具有国家政策扶持、培养规模加大、入学方式特殊、培养模式独特等特点。新型教育硕士学习具有学员需求多样化、学习时间分散性、学习资源不确定性等特点。在此基础上提出了基于个人自主的学习模式、基于学习共同体的学习模式、基于远程指导的学习模式等多元立体的学习模式，希望有助于探索出一套培养教育硕士学习能力的基本途径。

关键词：教育硕士；多元立体；学习模式

教育硕士学位是一种具有教师职业背景的专业性学位。1996 年 4 月，国务院学位委员会开始设置教育硕士专业学位，经过十几年的发展，教育硕士已成为我国培养规模最大的专业学位教育类型之一。2007 年起，国家在部属六所师范大学试行师范生免费教育，国家这一政策的意图是培养优秀的中小学教师，四年本科以后还要持续鼓励支持免费师范生的职业发展，攻读教育硕士、甚至教育博士。[1]然而，如何根据免费师范生攻读教育硕士的特点和中小学教师的特点、职业发展的需要，创新教育硕士的培养模式，是当前亟待解决的一项重要课题。

一、新型教育硕士的培养特点

国家此次试行师范生免费教育，也将在新型教育硕士培养方面出现新的政策变化，改变原来大部分师范生单一的四年制本科培养机制，其培养过程将不仅仅停留在本科阶段，教育硕士的培养是本科后教师教育的发展方向，是教师教育发展的增长点，也是师范大学发展的新的增长点。按照有关政策，师范生中的大多数学生在完成本科阶段的学习后，通过在职期间相关的考核，合格者都可以攻读教育硕士。即在中小学任教期间，将可以在职、在岗、带薪继续攻读教育硕士。以期达到进一步加深教师教育的理论学习，优化其知识结构，提高教育科研的能力，为培养骨干教师和教育家打下坚实的基础。同时，他们的参与将改变目前教育硕士的生源结构，将给教育硕士培养模式带来一系列新的机遇和挑战。

与以往传统的教育硕士相比，免费师范生的本科后的教育硕士教师教育阶段有如下几个方面的特点。

（一）国家政策扶持

国务院文件明确规定,免费师范生毕业后的继续教育仍然得到国家的关怀和支持。免费师范生结合本职工作攻读教育硕士,并同时获得学位、学历证书,初步考虑仍然是公费支持。

（二）培养规模加大

按照国家的培养目标,大部分免费师范生都可以攻读教育硕士。加大本科后教师教育,既符合培养大批中小学教师的目标定位,同时增加教育硕士的培养数量和培养规模。

（三）入学方式特殊

按照国家有关政策,教育硕士入学方式拟采取特殊方式,大部分免费师范生经考核合格者可直接攻读教育硕士,这批教育硕士生不需通过入学考试。

（四）培养模式独特

免费师范生的“农村导向”决定了攻读教育硕士的学员分布在广大的农村地区,他们的工作对象、学习需求、工作和学习条件与现行的教育硕士都有很大不同。学员在职、在岗完成教育硕士学业,实践机会充分,但系统学习知识及教育教学理论的时间相对较少。这就决定了新型教育硕士的教学形式和学习模式的独特性。

二、新型教育硕士学习模式的特点

（一）学员需求的多样性

美国著名心理学家马斯洛认为,人有各种各样的心理需要,人的需要具有层次性,并且逐层递进。只有低层次需要基本满足后才会出现高层次的需要。按照马斯洛的需要层次理论,教育硕士的需求也具有差异性和层次性。一方面,不同地区、不同学校、不同学科教学的实际状况和对教师的发展需求各不相同,造成了学员发展的差异;其二,在大体相当的时空条件下,学员的素质或发展期望,包括教育教学的观念与水平、知识与能力、职业道德与情感态度等又因人而异。这些学员个体的差异、学校间的差异及地区间的差异,形成了学员队学习需求的层次性和多样性;[2]其三,教育硕士的不同来源、不同学习经历和工作经历,学员的自身基础和背景的差异,使得学员的学习需求多样化。这是在制定学习计划、学习内容及其学习评价时需要考虑的。

（二）学习时间的分散性

由于新型的教育硕士主要是在职攻读教育硕士,这就决定学员的学习不可能集中于统一的课堂中,学员的学习时间因工作性质和工作条件而处于分散状况,面对地广人稀的农村地区而言,面授辅导将受到人力、财力等因素的限制,很难得到教师的统一面授辅导。如何使学员在工作之余主动积极地参与到学习当中成为教育硕士学员面临的又一难题。[2]

（三）学习资源的不确定性

这种不确定性一方面是指可利用学习资源的量的不确定性。免费师范生本科后教育硕士的课程学习及研讨指导主要依据远程教育模式,基于网络远程开放环境下的培养模式,需要形成职前培养与在职培养相互衔接的、多层次的、立体交叉的集文本、光盘和网络于一体的多种媒体于一体的教育硕士学习资源库。由于学习者自主学习能力的不同,直接影响到对学习资源自主选择和利用的能力,因此对同一学员群体来说,有的学员能很快找到资源与实际工作的结合点,开始学习;有的学员面对丰富的学习资源可利用程度的差异。另一方面,学习资源的不确定性也表现在可利用学习资源的质的方面。在远程学习过程中,学习资源利用的组织性较强,同等量的学习资源有可能因为不同的组织、设计或选择不同的学习方法而达到不同的质。[3]

三、新型教育硕士的学习模式

由于新型教育硕士培养的特点和学习方式的不同,决定了教育要改变传统的学习方式,在与现行的政策平台相协调的前提下,创新教育硕士培养模式。借鉴国内外教育硕士培养变革经验和做法,我们提出了多元立体学习模式。

（一）基于个人自主学习的学习模式

教育硕士的专业发展,首先基于个人在教育环境中进行独立的自主学习。在职攻读教育硕士的教师,可以通过自主学习资源、课题观察与实践、研究性学习等都是教育硕士可以选择的学习方式。学习者控制学习方式和学习目标是自主学习的基础,自主学习是终身学习的重要组成部分。

1. 资源学习

广义的资源包括专业课程书籍、期刊杂志、信息网络资源、教学相关书籍资料等。教育硕士应自主完成指定专业课程的系统学习,完成相应的任务作业,如记录读书笔记;通过阅读专业期刊杂志,拓展自己的视野,了解专业的发展前沿及发展方向;利用网络资源和教学相关资料得到的材料则可更直接的为教学实践提供帮助与支撑。多样的资源为教育硕士提供了全面发展与提高的基础,理论的学习为其发现和创造提供了思想指引。

2. 课堂观察与实践

观察作为一种有意知觉学习形式,是人们获得认知事物、获得知识、形成能力、改进行为的基础和前提。因此,教育观察不仅是教师顺利进行教育教学活动的基础,也是促进教师专业发展的一种学习方式。在实践中,强调进行有目的、有计划、客观、细致、敏锐地进行教育观察,不仅能够有效地提高教师教育观察能力,而且可以为教师教育硕士学习积累丰富的信息资源。[4]课堂的观察包括对教学内容的观察,教材的变化与改革,课程标准的内容要求,教学内容的丰富与强化;对学生的观察,了解教学措施的效果,适时调整教学行为,改进教学方法,增进教学机智;对同行的观察,学习先进的教学艺术。

课堂实践即对教师在教学岗位中的践行,包括各种形式的教学实施过程。以课例研习为例,课例,一般认为是指具有某种突出特征的课堂教学过程,以及与此直接相关的信息资料。课例研习就是以课例为载体,用新课程理念指导教师的教学实践,通过教学实践反思、消化、吸收新课程理念,集发现问题、提出问题、分析问题、解决问题于一体的最终形成能充分体现新课程理念课例的不断反思过程。通过设计课例、实施课例、反思课例的课例研究活动室促进教师专业成长的直接而有效的载体。具体的做法,可以是教育硕士自己搜集名师的典型课例,包括课例的课堂录像(或实地观摩)、文字记录、教案、课后记、点评、观后感等,仔细体会及领悟名师课堂的精神实质。然后对照分析自己的课堂特征,找出不足之处,选准"效仿名师"的突破口,把自己的日常课堂教学变成一步一步走近名师的攀登台阶。

3. 研究性学习

"教师即研究者",做研究型的教师在新课程改革的今天已成为广大教育工作者的共识,教育硕士更应担负起教学研究的重担。"研究"是为了解决问题。教师对现实问题的关注程度,远远超过对理论、经验和实践案例的关注程度。从心理学角度分析,正是由于现实问题的出现,造成教师的心理冲突。这种冲突时教师产生解决冲突的愿望的基础,也是教师自主学习的内在心理动力资源。对于教育硕士来说,研究要解决的问题是自身实践中遇到的各种疑难问题,在研究和解决这些问题的过程中,不断改进教育教学工作,掌握研究方法,提高研究能力,以获得指导学生开展研究性学习的经验和能力。[5]

教师研究的问题,来源于教师对实际行动的反思,问题的提炼发生在教师的"自省自知"和同事之间的研讨,问题的解决根植于教师的实际教育教学行动,问题解决的成效又是通过教育行动的转变而呈现出来。作为"研究型学习者"的教育硕士,一定要善于发现现实中存在的问题,并能清晰地表达出来。一个善于质疑的教师,必定是一个可能的研究型教师。深入剖析问题的内涵及其原因,是善于透彻地明确问题的核心。而将对问题的研究与教学理论相结合,整理成论文发表,更是对研究性学习的反思与升华。

4. 行动研究

行动研究是由社会背景(包括教育情景)的参与者为提高对所从事的社会或教育实践的理性认识,为加深对实践活动及其依赖的背景的理解所进行的反思研究。教育硕士生的行动研究就是让学员本身成为研究者,培养他在实际教学工作中及时发现问题,并运用相关的理论和研究技能解决教育实践问题。其目的在于提高学员的研究意识及参与意识。它对学员的职业发展、思维转变和教育质量的提高具有重要作用。

许多学员对如何进行行动研究感到困惑。其实,当学员在思考"一堂课成败的关键在哪里",总结过去教学"成与败"所在,提出改进计划,并将计划在教学中进行实施,实施中不断对自己的教学行为进行观察、记录,再由此进行反思、重新拟定新的改进计划时,行动研究就已经在实施了。再者学校可以提供一些教学录像材料、教学叙事研究材料等供教育硕士进行评价和讨论,可以促进学员的诊断能力、探究能力和反思能力。行动研究可借用档案袋评价来评定学员在实践研究中的表现。

(二)基于学习共同体的学习模式

博耶尔(Ernest L. Boyer)在 1995 年发表了题为《基础学校:学习的共同体》(The basic school:a community of learning)报告,在报告中用到了"学习的共同体"的概念。学习共同体(Learning Community),亦称学习者共同体(Community of Learners),是一个由教师、学生、管理人员以及其他人员组成的组织,在学习共同体中,成员有清晰的奋斗目标,可以面对面的沟通与互动。[6]

教师在学习共同体中是为完成真实任务,解决实际问题而与其他人相互交流和协作,在融洽的学习关系中形成教师之间的精神共同体,通过强化和共享价值观念达到情感的沟通和分享,教师学习共同体促进了知识和理解的获得,促进了知识和情感的分享。在学习共同体中教师与领导是平等的交流、打破行政领导的科层制领导模式,促进教师与行政层的交流与沟通,互相学习、互相指引,互为专家。[7]

基于个人自主学习方式可能在我国教育硕士中更为普遍。研究表明,"学习既是个人化的过程,同时也是社会化的过程"[8],只有在"学习共同体"或是"叙述团体"中,学习者才能超越个人实践和经验的局限,才能将个人的经验转换成"社团财富",理论原则与实践描述一般性与偶然性之间的联系才能逐步变成教师的专业知识。因此,作为一种学习方式,学习共同体可以提高教师解决真实问题的能力,增进学习者之间的信息交流,增进成员之间的协作,提高群体努力的满意度,使个人从共同体成员的互动中获益并且培养自己与他人的有效协作能力。

1. 团队合作学习

学习共同体中的教师自发或有组织的形成团队形式,不断地反思和质询及合作工作。当教育者们共同交流和学习时,他们能发现解决教学问题的新方法。在这个过程中,教师建立了对学校的共同愿景,并加强了达成愿景的能力,通过分享各自的见解与信息,教师达到对学习内容的深层理解。教师在学习的过程中,与同伴开展包括协商、呈现自己的知识、相互依赖、承担责任等多方面的合作性活动。学习型团队让教师在相互间的交流与沟通中获得心理支持、交流新的想法,通过分享材料、计划和资料,减轻负担,共同营造轻松愉快的学习氛围,从而促进自身的专业成长。团队学习的内容更具针对性,对教师的专业成长的作用也更为直接。教师在合作性的工作、创造性的劳动和不断学习中实现了自己的精神需求,将教师职业真正变成了实现教师人生价值的舞台,使教育事业成为充满智慧的、实现人的价值的事业。教师的发展与学校的发展融为一体、协调一致,学校成了发挥教师智慧和创造力的舞台。[8]

团队学习的形式是多样的,现在常见的课堂案例教学、团队作业、网上讨论、课题组都是一种团队学习。然而这种松散的团队在学习的深度和广度上仍然非常有限,更说不上持续性和系统性。我们提出的团队合作学习,是要在学员中组建学习小组,提供相应的学习条件,在一定的管理机制下,有计划、有组织地进行系统学习、深度学习,通过小组成员的交流推动整个团队的学习,实现个人与团队的互动成长。以团队作业为例,是指学员3-5人为一组,合作完成某一项目或课题。各团队可自行商定具体的议程,从查找资源、调查研究、内容分工、课题完成,都由一个团队协作完成,这种形式可以调动团队成员的所有资源和才智,在有经验教师的指导下,团队成员互相分享其工作的思想和价值,对于培养学员团队合作意识和实践能力都具有现实意义。

2. 区域协作学习

在同一地区的不同学校的教育硕士之间可以形成区域协作学习模式。它是一种开发性学习行为,不仅要注重与组织外部环境保持良好的信息沟通、注意不同学校的校本研修组织之间的沟通、互动、互助,还要创造条件建立促进校际之间的区域协作机制,以便实现区域内的教育硕士教育资源共享,促进区域内不同学校的教育硕士队伍优势互补、互帮互助、共同提高,也为促进区域内不同学校教育均衡发展提高教育人才资源保障。建立区域协作学习机制需要县(区)有关教育主管部门或业务机构提供组织协调和指导督促作用,有关学校的领导也应当建立定期联系制度,制定合作计划,明确学习内容,建立健全跨学校的教育硕士研修组织,明确学习活动的内容选题和人员分工。

3. 专家引领学习

专家引领学习的模式,建立"专家导师团",充分发挥教育专家、教科研人员和一线名师的专业引领作用,参与并指导教育硕士在学校中开展学习的设计、实施和设计,开展教育改革实践研究。即以教师为研究主体,专家给予必要的引领与协调,从而促进教师的专业成长。注重校外专家的力量,借助高层次的教育科研机构及高校专家给予必要的引领与协助,关注教师协作学习共同体的行为反思,使教师学习共同体能够及时调整跟进,不断提升自我。中小学教师实现专业化发展,需要大学文化的参与。对教育硕士而言,在资深教育专家的指导下,开展教学和进修,为自身专业的成长提供了可能。大学教师带来的新思想、新知识、新技能,使中小学教师有机会了解和学习这些新理论与新方法,从而获得专业发展的机会。同时,大学、科研机构的教育研究者也可以从中小学教育实践中获取理论研究的养料,从而促进学习共同体成员的共同成长。

(三)基于远程指导的学习模式

新型的教育硕士分布在农村,远程教育成为学员学习的重要方式,因此,在远程教育理论的指导下,从人的认知活动的基本规律出发,依据远程自主学习与校本培训相结合的原则,保证教育硕士远程教育模式的顺利实施显得非常重要。

1. 名师导师制指导学习

面对教育硕士分布广泛、人数众多的特点,聘请一大批优秀的中小学名师、名校长作为教育硕士的指导教师,通过远程教育手段,对相近区域或研究方向相似的教育硕士进行指导,更有针对性、实践性的引领教育硕士的学习与发展,相信这将是教育硕士培养模式的重大改革之一。在大学教学的绝大部分教师缺乏中小学教学实践,实践经验丰富的基础教育一线名师参与教育硕士生的指导与培养,此举旨在使中小学的教学名师资源变"学校所有"为"共同财富",打破理论教学与实践教学的壁垒,把最好的教师资源用于教育硕士生的培养。

2. 大学教授指导学习

大学专家教授参与教育硕士的远程学习,形成比较稳定的指导合作关系,这种协作,大学专家教授可以为在中小学的教育硕士提供高水平的专业支持,以较高的理论水平为导向,通过远程网络的方式,将研究领域的最新、最前沿的理论成果传播给教育一线的教育硕士;同时,教育硕士的实践也为大学和科研机构提供了教育实验的研究现场,教育硕士的实践可以为大学教授提供很多实验的数据与实践结果,为理论的发展提供更坚实的基础,可以说是一种互利双赢的协作实体。

3. 课题研究学习

高层次思维能力是有意识的、围绕特定目标的、付出持续心理努力的、需要发散、研究判断和反思等认知活动的复杂的思维,它包括问题解决、创造性思维、批判性思维以及自我反思等思维活动。在教育硕士的学习过程中,设定一定的课题学习内容,让其围绕某一课题进行相关知识的研习和探究,不但可以实现高层次思维能力培养的目的,也可以通过这种学习模式完成相关课程的学习,还有可能通过课题的解决,完成某一教学、科研的具体任务,一举而数得。

大学课程或教学论的专家教授可以与教育课题研究与教育硕士培养结合起来,将自己的教育课题适当的分配给教育硕士,远程指导其进行自主学习与实践。教育硕士应该带着问题进行学习,围绕课题的解决进行学习,并通过这样的学习,培养和提高自己知识运用、知识创新的能力,实现研究生培养的目标,其优势是明显的。课题学习把理论与实践紧密地联系起来,可以有效地克服过去从定理、定义出发的课程实施方式,使学生接受的死知识变成活知识。同时也加强了师生的共同参与。课题学习是建立在师生共同参与的平台上,通过网络等远程教育手段,以师生对话为纽带,加强参与者与课题内容的融合程度,具有人文合理性的,一种教学方式。[10]

4. 校际交流学习

校际交流学习是大学与中小学之间进行的有目的、有计划、有组织、有互动交流的一种教育硕士生团体研修活动。借助网络等远程教育手段,可以把学员所在中小学的校本研修为基础,以各个学员共同关心的问题为研修主题,以大学教育硕士生网站为活动平台,以校际之间的互动交流研讨为主要形式。

学员之间校际协作研修活动旨在把不同学校之间的差异作为教学实践研究的资源,促进校际之间和学员之间的信息交流、资源共享,协同开发不同学校的学员智力资源,缩小校际之间、学员之间和智力开发进程的差距,促进不同学校学员的均衡发展。

上述四种学习模式并不是孤立的,而是相互联系、相互促进的,每一种模式有其独特的功效,在具体实施中要指导学员运用多种学习方法,才

能发挥其合力作用。通过反复运用各类学习方法,学员就会自觉养成一种习惯,形成一种有效的学习风格。

重点师范大学要围绕培养优秀教师和教育家的目标制定专门的教育硕士的培养方案,创新教育硕士的培养模式,在课程设置、教学内容、教学方法、教学手段和学习模式等各个环节上要进行一系列的改革。本文对学习模式的初步研究希望能为新型教育硕士的培养模式提供一些借鉴。

*本文获华中师范大学国家教师教育创新平台理论创新研究项目成果(项目批准号985ZB0406)和华中师范大学研究生教学研究改革项目"教育硕士研究生多元立体学习方法理论与实践研究"(项目批准号:2008JG11)的资助。

参考文献:

[1]管培俊.以师范生免费教育为契机,推进教师教育创新[J].教师教育研究,2009(2):1-6.

[2][3]郭炯.远程教育环境下农村教师自主学习模式的研究[J].中国远程教育,2006(2):60-63.

[4][5]周冬祥,陈佑清.论教师的研修学习方式[J].教育研究与实验,2009(1):61-65.

[6][9]白磊.学习共同体—教师专业成长的新模式[J].辽宁教育研究,2006(9):92-95.

[7]Cary M. Shulman,Milton D. Cox,Laurie Richlin. Institutional Considerations in Developing a Faculty Learning Community Program. NEW DIRECTIONS FOR TEACHING AND LEARNING,No. 97,Spring 2004,48.

[8]Isenberg,Joan Packer. Using National Board Standards to Redesign Master's Degrees for Teachers:A Guide for Institutions of Higher Education. National Board for Professional Teaching Standards,Arlington,VA. 2003:13.

[10]马千里,王秀慧.研究生教学中的"课题学习"模式[J].学位与研究生教育,2004(11):48-51.

如何夯实免费师范教育硕士的培养基础

——基于教师专业化发展的要求以及六所部属师范大学物理专业培养方案的分析

黄致新　　王建平　　刘守印

（华中师范大学物理科学与技术学院）

摘要：文章从教师专业化的角度，分析了中国高师物理专业培养的基本现状，以及部属六所师范大学物理专业的课程设置情况，以期找出其中所存在的问题，并对物理专业免费师范生培养模式的改进提出了一些建议，希望能够找到夯实免费师范教育硕士培养基础的方法，并对免费师范硕士生的培养以及物理教师专业化的发展起到一定的促进作用。

关键词：教师专业化发展；免费师范教育硕士；高师物理；培养模式

2010 年 7 月，胡总书记在《全国教育工作会议上的讲话》指出，教育大计，教师为本。为了培养优秀的教师，吸引更多优秀青年当教师，促进教育发展和教育公平，从 2007 年起，国家就已开始在教育部直属的六所师范大学实行师范生免费教育。而且，按照国家的免费师范教育政策，从 2012 年暑期开始，2007 年入校的首届免费师范生中的大多数同学也成为了首届免费师范教育硕士生。但是，作为培养人民教师摇篮的师范大学来说，如何培养出优秀的免费师范教育硕士生是我们必须积极思考和认真解决的问题。要培养出优秀的免费师范教育硕士，就必须培养出优秀的免费师范本科生，即必须夯实免费师范教育硕士的培养基础。

本文从教师专业化的角度出发，分析了中国高师物理专业培养的基本现状，以及部属六所师范大学物理专业的课程设置情况，以期找出其中所存在的问题，并对物理专业免费师范生培养模式的改进提出了一些建议，希望能够找到夯实免费师范教育硕士培养基础的方法，并对免费师范硕士生的培养以及物理教师专业化的发展起到一定的促进作用。

一、教师专业化发展及其对高师物理专业培养的要求分析

高师物理教育专业是培养中学物理教师的主阵地。在高师物理专业人才培养过程中，我们必须高度重视并强调教师职业化问题。因为教师职业专业化是当前

教师教育改革的主流。所谓的教师专业化是指教师职业具有自己的职业要求和职业条件,有专门的培养制度和管理制度,而且具有不可替代的独特性。其基本含义是:第一,教师专业既包括学科专业性,也包括教育专业性;第二,有教师教育的专门机构、专门教育内容和措施;第三,有对教师资格和教师教育机构的认定制度和管理制度;第四,教师专业化既是一种状态,又是一个不断深化的过程 。[1]从教师专业化角度看,物理教师教育具有"双专业性",既是物理学科专业教育,又是教育学科专业教育。

然而,大多数研究认为,前几年我国的高师课程设置中面临的一个突出问题就是课程结构不合理,高师院校普遍轻视教育类课程的开设,教育学科课程占全部课程的比例只有7%左右。[2]这显然不符合时代的要求,因为随着经济的全球化、社会的信息化,以及我国逐渐步入社会主义市场经济阶段,人们的生活方式、思维方式以及思想观念正在变化之中,我国社会的经济成分、组织形式、就业方式、利益关系和分配方式也日益多样化。整个社会所表现出的变特征对社会公民的素质提出了新的要求,它要求社会公民必须具备灵活变通的创新精神与适应能力。适应新的时代发展的需要,以培养具有较高公民为根本目标的基础教育从观念到实践操作正在发生重大的变革,目前正在推行的新课程改革中所包含的精神实质与具体实践即是适应如上变革的突出表现。

而且,新的时代也对基础教育教师素质提出了新的、更高的要求,既要求教师必须具备较高的专业知识与学术素养,又要求其必须具备较为广博的综合性知识,同时,他们还必须具备相应的教育理论知识与扎实的教育实践操作能力。

面对新的时代、新的要求,各高师物理教育专业也在进行相应地改革。但改革的具体情况怎样?从以下对六所部属高师院校物理师范专业教育类课程的设置情况进行分析就可见一斑。

二、六所部属高师院校物理师范专业课程设置的比较分析

笔者收集了华中师范大学、北京师范大学、华东师范大学、西南大学、东北师范大学和陕西师范大学六所高师院校物理师范专业的培养方案。以下表1—表6分别对其课程设置结构及学分分布情况进行分析研究。

表1　华中师范大学物理师范专业课程设置

课程 学分 及比例	通识教育 必修课	学科基础 和专业类 必修课	专业方向 选修课	教师教育 课程	教学实践
学分 （160学分）	43	69	20	14	14
比例（%）	26.8	43.1	12.5	8.8	8.8

表2　北京师范大学物理师范专业课程设置

课程　　　　学分及比例	学校平台课程	院系平台课程	专业平台课程	教师教育课程	教学实践
学分（160学分）	46	58	30	15	11
比例(%)	28.7	36.2	18.8	9.4	6.9

表3　华东师大物理师范专业课程设置

课程　　　　学分及比例	通识教育课程	学科基础平台课程	专业拓展课程	教师教育课程	教学实践
学分（160学分）	50	50	38	13	9
比例(%)	31.3	31.3	23.7	8.1	5.6

表4　西南大学物理师范专业课程设置

课程　　　　学分及比例	通识教育课程	学科基础课程	专业发展课程	教师教育课程	教学实践
学分（170学分）	52	39	37	22	18
比例(%)	30.5	22.9	15.9	14.2	16.5

表5　东北师大物理师范专业课程设置

课程　　　　学分及比例	通识教育课程	专业基础课程	专业主干及专业系列课程	教师职业教育课程	教学实践
学分（155学分）	50	25.5	51.5	22	6
比例(%)	32.2	16.4	33.3	14.2	3.9

表6　陕西师大物理师范专业课程设置

课程　　　　学分及比例	通识模块	学科基础模块	专业模块	教师教育模块	教育实践模块
学分（165学分）	50	40	35	26	14
比例(%)	30.3	24.2	21.2	15.8	8.5

由上述列表可以看出,六大部属高师院校物理师范专业课程设置中,课程开设模式大体上是相同的,基本都有通识教育课程、学科基础课程、专业及专业拓展或专业选修课程,以及教师教育课程、教育实践课程,并且通识教育课程、学科基础课程和专业发展课程所占的比例较大,华中师范大学、北京师范大学、华东师范大学、西南大学、东北师范大学和陕西师范大学的比例依次为82.4%、83.7%、86.3%、69.3%、81.9%、75.7%,而教师教育课程和教学实践课程所占的比例却较少,依次为17.6%,16.3%、13.7%、30.7%、18.1%、24.3%。其中,西南大学和陕西师大的比例稍微要高一点,分别为30.7%和24.3%。教学实践所占学分比例,除了西南大学较高(为16.5),其它都较低,分别为8.8%,6.9%,5.6%,3.9%,8.5%。

从上面的分析我们可以看出,我国高师物理课程设置中还是面临着课程结构不尽合理的问题,大多数高师院校还是较为轻视教育类课程的开设,教育学科课程包括教育实习占全部课程的比例虽然比以前有所提高,但平均也只有20.1%。教育类课程开课数目少,学时少,大多数师范院校基本上还是教育学、心理学、学科教学论等课程;另外,教育实践环节还是没有得到足够的重视,所占学分比例较低,教育见习和教育实习时间较短,一般只有8至10周。这样的课程设置,离教师专业化理论对教师教育的要求还有较大差距。

另外,从教师专业化角度看,物理教师教育具有"双专业性",既是物理学科专业教育,又是教育学科专业教育,既有"学术性",又有"师范性"。当然学生的专业基础应该夯实,但对于师范专业性,我们也必须加强,毕竟我们对师范生的培养目标是:致力于培养具有良好的政治思想素质、物理专业基础扎实、有较强教育教学实践能力和拓展潜力、富有创新精神,能胜任中学物理教学及相关专业教学与研究的本科人才。由此可以看出,要把本科学生培养成优秀的人民教师,我们必须强调教师专业化发展,在此基础上构建良好的免费师范教育的培养模式。

三、教师专业化发展及其在免费师范生培养模式中的定位

为了培养出适应时代要求的高素质基础教育人才,我们必须积极探索与课改形势相适应的新的免费师范生的培养模式,从教育理念、教学体系、教学内容、教学形式、教学手段、教学方法以及评价观念等几个方面进行全方位的改革。

(一)树立教师专业化的教育理念

提高教师质量取决于教师的专业化程度,专业化是决定教师质量的重要指标。因此,教师专业化已为各国所广泛关注。美国卡内基教育促进会和霍姆斯协会于1986年发表的《国家为21世纪准备教师》、《明天的教师》两份报告中明确提出教学专业化这一概念,将其视为提高学校质量的必要途径。报告还认为,教师教育的责任就在于造就训练有素的达到专业化标准的教师,以教师的专业化来实现教学专业化。法国前教育部长若斯潘认为,"未来教师不再只是传授知识的先生,而应是引导各种学生完成学业的教育教学专家"【3】。

　　新世纪初,我国为回应时代挑战启动了新一轮基础教育课程改革,基础教育新课程更强调每个个体在体力、智力、伦理、情绪等方面的整体全面发展,更强调在瞬息万变、文化多元、科技更新的社会中的适应能力和自我发展能力,更强调正确的价值观、科学的态度、健康的情意发展。从总体上说,基础教育课程实现了从学科知识体位向学生发展本位的转变。但长期以来,我国教师的培养与基础教育学科知识本位课程相适应,注重学科化和知识化,教师的专业发展主要依靠教师自身的教育教学实践探索。因此,我国新一轮基础教育课程改革必然对教师的专业化培养和专业发展提出相应的新要求,教师专业化是新时代对教师提出的要求,也是培养和造就优秀教师和教育家的基本出发点。教师专业化的培养,强调在培养学生时除了要着力加强其学科专业基础的同时,大力加强其教育教学基础,强化其教学实践能力的培养和锻炼。

　　(二)改善教学体系、优化教学内容

　　高师院校针对学生的教师专业化发展的需求,在课程设置中必须坚持学科专业教育与教育专业教育的有机整合,适当增加教师教育类课程在整个课程中的比例,在促进学生全面发展的同时,强化教师的专业化训练,着力提高学生的学习能力、执教能力和教育教学研究能力。在学科专业和教育专业课程中,把学科专业知识的内在逻辑与教师的认识逻辑发展有机结合起来,采取符合教师专业发展要求的教学方法和手段。在与中学教学内容相关的学科专业课程内容中,注重与中学课程内容的贯通与对接,充分反映中学课程发展、教学内容、方法改革的新成果和新趋势。

　　(三)优化教学手段和方法、强化教学实践环节

　　对师范生的教师职业技能进行系统科学的训练是国家培养学生实践能力的一个明显趋势。20世纪70年代以来,美国一些教育家利用现代技术对教师的教学行为进行了微观分析,提出教师应成为教育"临床专家",认为一个合格的现代教师必须具备教学能力、实验指导能力、科研能力、革新能力、与学生交往能力等12种基本能力。他们在师资培养方面推行"师资能力培养法",这是针对师范生所学教育理论和方法与中小学实际严重脱节,缺乏解决问题能力等缺陷而设计的。目的在于使教师成为教育方面的"临床专家",做到象医生那样进行"分析"、"诊断"和"处方",切实解决学生的各种问题。[4]其中产生于1963年美国期坦福大学的微格教学Microteaching是对师范生和在职教师的教育教学能力进行科学训练的有效方法,它将如何培养师范生掌握教学技能作为培训教师的焦点,提出了教学技能分类的方法,在培训中逐个训练,最后再综合起来,形成整体的教学能力。这种方法以施教真实、课题集中、方向明确、反馈及时、有利创新、有安全感等显著特点被广泛推广。教育实践训练,体现了理论知识学习和理论知识实际运用的相互联系,反映了教育的规律性,训练过程的完整性和方向性,同时也反映了大学生的个性特征和成长特征。

虽然国内高师院校都在对学生进行微格教学训练，但由于课时较少（一般教学技能训练课才十几个课时），或者硬件设施不到位等原因，学生普遍感到训练不够。我们认为解决问题的一种办法是增加课时，或者是对微格教室及其设备进行开放，增加学生自由训练的时间。也可以增加教学技能训练的指导老师，采取1个老师只带五六个学生的形式进行教学技能强化训练。

另外，在实践教学环节，应改变只有教育见习和教育实习两个环节的现状，可以采用"综合实践—实验教学—技能训练—毕业实习（教育实践）—课题研究"五个环节组成的实践教学模式，并把它贯彻于本科四学年当中。【5】其中教育实践环节有教学观摩、教学见习、课堂教学能力训练、教育教学实习等。师范生也可在教育实践环节开展社会实践和社会调查，还应把毕业论文的写作和教学实践进行有机的结合。而且，实习内容也不仅仅只是在课堂上为学生传授知识，还应该结合班主任实习工作，培养大学生的思想教育工作能力。

实践教学环节是师范生将理论运用于实际，并且促进师范生专业化发展的重要环节。通过这一环节的训练，一方面可以培养学生对所学知识的应用能力，另一方面也可以培养学生的实践创新能力和社会实践能力。因此，高师院校对实践教学环节都还是比较重视。例如，华中师范大学率先开展了建设集生源地、实习基地、研究基地、服务基地、远程教育基地五位一体的"综合改革试验区"。北师大在免费师范生中建立了"双导师制"，为每20名免费师范生配备一名校内导师和一名中小学优秀教师导师。学校内部的导师主要在学生专业学习、学术活动与专业实践活动方面指导学生。中小学优秀教师主要来自基础教育领域的教改专家和教学名师，他们通过讲座、座谈会等形式引导学生，并在教育见习、教育实习、毕业论文等实践活动中培养学生教育教学实践能力，成为他们教师生涯的启蒙教师。华东师范大学正尝试将见习、研习、实习一体化，即"免费师范生"将从大二开始定期见习，直到大三结束，到了大四上半年，还要进行一个学期的实习。陕西师大将分散的教育实习和集中的教育实习支教有机结合。另外，几所师范大学都将免费师范生的实习实践延长到了半年。所有这些措施，都是为了使得免费师范生能够得到很好的专业化发展。

四、结束语

随着时代的发展，社会对教师的素质要求也越来越高，教师的专业化也越来越受到普遍的重视。教师只有具备足够的专业能力和较强的自主性，成为教育教学方面的"临床专家"，方能满足社会的日益发展以及学生在认知、情意学习等方面的需要。也只有教师不断朝着专业化方向不断迈进，才能真正为教育创新奠定有力的基础。在本文中，笔者从教师专业化发展的角度，对国内高师物理专业现状的分析，以及对部属6所师范大学物理专业人才培养方案进行了分析，找到了其有待改进之处，以提高免费师范本科生的教育质量，夯实免费师范教育硕士的培养基础,为祖国培养出更多乐教、懂教、会教和善教的优秀人民教师。

参考文献:

[1] 教育部师范教育司.教师专业化的理论与实践(修订版)[M].北京:人民教育出版社,2003.

[2] 李盛兵.我国高师课程体系的缺失[J].课程 ·教材 ·教法,1998(5).

[3] 梁晓华.当今法国教育概览[M].郑州:河南教育出版社,1994:39.

[4] 吴文侃,杨汉清.比较教育学[M].北京:人民教育出版社,1989:611,275.

[5] 朱元春.高师实践教学模式创新的探索[J].教师教育研究,2006,18(5).

免费师范生教育硕士科研能力的培养
——以语言学教学为例

罗耀华   喻薇

（华中师范大学文学院）

摘要：免费师范生教育硕士作为专业化教师，其教育科研能力的训练与培养至关重要。它是教师的基本素质，是一个综合系统。在培养过程中，要确立教学目标，创新教学方法，拓展教学途径，最终通过教学效果的检验，达到全面发展和提高科研能力的目的。

关键词：科研能力；基本理念；训练与培养

引   言

免费师范生教育硕士作为专业化的教师，必须拥有专业特性，即能通过多种方式，如对其他教师的研究或是通过课堂研究对有关理论进行检验，系统地自我研究以实现自身专业上的不断发展。要想达到这一目标，教育科学研究能力的训练与培养必不可少。本文试以语言学学科教学为例，阐述如何在专业性较强的课程中进行教育科研能力的训练和培养。

一、科研能力培养的基本理念

（一）科研能力是教师的基本功之一，必须优先发展

传统型教师通常以知识传授为主，强调教师行为和技能的训练，在教学中也更倾向于照本宣科和遵循教学常规，而忽略了对科研能力的培养，因而造成了师范生大多数是合格的知识传递者，却难以成为优秀的教育研究者的现状。

和其他能力相比，科研能力更为重要，是帮助师范生理解、掌握、运用理论知识的基础。仅仅只有书本上的理论知识，而缺乏必要的主体研究性学习活动，这样是无法真正透彻理解教育的本质的。另外，即使具备了良好的理论基础，但是没有经过实践的转化，对于理论的理解将始终处于一种较为肤浅的表层，不能真正运用理论并在教育实践活动中正确运用。

此外，科研能力还是师范生获得并发展实践性知识的基础。要想成为一名合格的教师，除了理论知识之外，实践技能更为重要。只有具备良好的实践技能，才能在实际教学过程中取得满意的效果。从日常课堂教学到课后备改研，乃至对整

个课程实施的理解和掌控,甚至连师生关系的调控都和教师的实践技能密不可分,而这些实践技能是无法通过直接的授受方式获得的,只能通过反思教学实践、开展研究性教学、参与各种教学研究活动等方式逐步形成,而这些方法都离不开教师自身科研能力的支撑。

科研能力也是师范生能终身学习、持续发展的基础。只有具备科研能力,师范生才能更好地反思自我、总结经验,并在此基础上学习吸收新的教育理论,逐步形成系统的教育思想,发展教育实践能力和科研能力,最终实现自身的全面提升。如果科研能力不足,就容易依赖经验和常规行事,陷入机械重复的圈子,无法有效学习,也就更谈不上可持续发展了。

(二)科研能力是一个综合系统,必须全面发展

科研能力不是某种单一的能力,更不能简单混同于科研理论和方法。科研能力是一个综合系统,包括科研意识、研究能力和科学精神等各种因素。

科研意识是一种教师内心自发产生的研究需求,是善于发现问题、研究问题、解决问题的欲望。如果没有发现问题的敏感性、研究问题的积极性以及解决问题有效方法,那么研究型教师无从谈起。只有能从教学实践中发现问题,对问题有着强烈的探求欲,辅以科学的研究方式,才能更好地解决问题,并在此过程中深化理解教育理念,提高实践技能,不断发展教育科研能力。

此外,实际的研究能力也是十分重要的。仅有发现问题的能力并不能真正解决问题,还必须以有从事教育教学科研的能力作为保证。除选择课题、制定方案、信息处理、评价分析等能力之外,教师自我反思和综合的能力也很重要。在教育教学过程中不断更新理论,勇于实践,在事后善于反思和总结,是师范生应具备的科研能力。

教育科研能力的养成还需要科学精神的指导。要能时刻审视自身的得失,在教育教学过程中出现任何状况都要尽力排除主观固有思想的影响,力求以客观的态度评析问题。教育科研理念和研究方法要与时俱进,不以职前教育为限,而是将已有知识与教育教学实践结合起来,既不固步自封,也不盲从偏信,在以往的基础上更好地理解和运用理论知识,在不断的研究过程中全面提升科研能力。

二、科研意识的培养及科研能力的训练

(一)教学目标的确立

1.针对性

无论何种形式的教学,都必须具备针对性。根据教学对象和教学目标的不同,所采取的教学方式、教学途径等也会不同。免费师范生教育硕士旨在培养掌握现代教育理论、具有较强教学实践和研究能力的高素质的中小学专任教师,因此在整个教学过程中,不仅要重视教学理论、教学技能的训练,更要注重对科研能力的培养。

以语言学教学为例,在进行教学时,一方面要注意基本知识、基本理论的传授和讲解,另一方面更要培养师范生在实践活动中运用语言学知识解决实际问题的能力。比如在中学语文教学中经常会遇到各种语言文字教学方面的问题,这就要求教师自身对于语言必须有充分的了解,掌握语言运用的规律,能根据学生反馈的实际状况,适时调整教学策略,并且要在事后及时分析教学实践活动,反思得失,这样才能不断提高教学技能和科研技能。

在语言学教学过程中,授课教师不仅要随时了解师范生对于语言学专门知识和技能的掌握情况,还要不断训练师范生分析语言材料,调查语言现象,找出语言规律,科学地反思、归纳以及总结的能力。只有针对师范生的特性采取适当的教学策略,才能最终保证在掌握理论知识和教学技能的同时,大力发展科研能力。

2. 系统性

师范生教育硕士要求具有较好的学识修养和扎实的专业基础,了解学科前沿和发展趋势,同时还应具有较强的教学实践能力,以及较高的科研能力,因此在培养过程中,必须注重知识结构、实践技能和科研能力的结合,三者互为支持,最终构成一个完整的系统。

在语言学教学中,教师首先要注重知识体系的构建,要让师范生对于语言学的基础知识、理论流派、研究现状与学术动态、学术前沿等有一定的了解,如关于语音、语义、语法等语言各个子系统的知识,涉及语言的形式和意义,符号形式、关系形式、符号意义、关系意义的各种理论,语用学的研究,以及当代的一些语言新学科现状等等。在具备了学科系统知识之后,再逐步发展运用知识解决实际教学中各种问题的意识和能力,帮助师范生在已知理论的指导下,逐步加深对系统知识的理解,同时培养实际教学技能,并养成善于联系理论,能对照实际教学情形反思研究的习惯,力求理论知识、实践技能、科研能力三位一体,最终形成一个有机的结构体。

3. 创新性

语言研究和教学研究都是随着时代不断前进的,因此现有教材的知识理论体系往往会显得时代性和创新性不足。语言学授课教师在教学中必须不断开放思路,目光不局限于教材和传统的经典参考书,要在教学活动中有意识地向课外延伸,比如在语言学教学中,引进当代语言学界的热点问题:类型学、认知语言学、系统功能语言学、转化生成语言学等学科动态。

另一方面,还要借助新的科技媒体,拓展学科所能涵盖的范围。课堂上可以利用音频、视频等方式,弥补教材内容上的不足,让师范生尽可能直观地接触到最新的语言学学科现状。在课后更应帮助师范生掌握更多课堂以外的东西,如学会登陆各类专业网站、查阅国内外语言学方面的权威杂志等等,开拓视野、广开思路,学会评析他人研究成果,借鉴科学的研究方式,吸收合理教育理念,最终提高自身的科研能力。

（二）教学方法的创新

1. 启发式

启发式教学比起传统的讲授式更能调动学习者的积极性，同时也能让学习者在思考的过程中学会运用已有知识，加深理解，不但记住概念，还能学会方法。以下是邢福义先生曾经提过的一个语言分析案例："万户"与"万象"，到底应该选用哪一个？

（1）A. 爆竹一声除旧，桃符万象更新

　　B. 爆竹一声除旧，桃符万户更新

这涉及有关量词与非量词的知识。所谓"量词"，是一种用作计量单位的词；所谓"非量词"，这里指跟量词容易相混的名词。应该肯定，用"万户"和"万象"都行，没有对错之分；还应该肯定，由于"万象更新"是一个家喻户晓的成语，对联里选用"万象"更好懂，容易引起人们对春回大地时万事万物都发生新的变化的联想。但从语言运用的角度，检视对对子的要求，那么，"爆竹一声……"和"桃符万户……"相对更为工整，因为"声"和"户"都是典型的量词，"一声"和"万户"都是典型的数量结构；而"万象"是数名结构，"万象更新"即"万物更新"。作为数量结构，如果不管平仄，仅就语词在句子中的位移而言，"一声"和"万户"具有一致性，而"万象"则不然。比较：

（2）爆竹一声除旧，桃符万户更新→一声爆竹除旧，万户桃符更新（√）

爆竹一声除旧，桃符万象更新→一声爆竹除旧，万象桃符更新（×）

再说，凡是典型的量词，都可以重叠表"每"（有时还有"多"的意思）。在这一方面"声"和"户"又具有一致性，而"象"则不然。试比较：

（3）爆竹一声除旧，桃符万户更新→爆竹声声除旧，桃符户户更新（√）

→声声爆竹除旧，户户桃符更新（×）

爆竹一声除旧，桃符万象更新→爆竹声声除旧，桃符象象更新（×）

→声声爆竹除旧，象象桃符更新（×）

实际上，"万户"和"万象"都可以，没有对错之分。但从语言运用的角度，根据量词与非量词的区别，以及对对子的要求，则"爆竹一声……"和"桃符万户……"相对更为工整：因为"声"和"户"都是典型的量词，"一声"和"万户"都是典型的数量结构；而"万象"是数名结构，"万象更新"即"万物更新"。作为数量结构，如果不管平仄，仅就语词在句子中的位移而言，"一声"和"万户"具有一致性，而"万象"则不然。再说，凡是典型的量词，都可以重叠表"每"（有时还有"多"的意思）。在这一方面"声"和"户"又具有一致性，而"象"则不然。所以如果从语法知识上来进行判断，用"桃符万户更新"要更胜一筹。

从以上案例可以看出，在对语言事实进行分析的时候，不仅需要联系理论知识，还要根据现实情况做具体的辨析，并且要能把问题讲解清楚让人理解。在整个学习过程中，不仅训练了学生发现问题、分析问题和说明问题的能力，在巩固知识的同时还能发展实践能力和科研能力。

2.点拨式

如何有效处理搜集到的材料,分析问题得出结论是学习过程中不可避免的一个问题。在指导学生进行前期的语言材料收集之后,教师可先引导学生思考并讨论,从这些语言材料中是否能发掘一些值得研究的问题,然后指导学生讨论和分析。这种教学方式要求教师不直接提供结论,而是鼓励学生自主思考,只在比较关键或学生分歧较大的地方适时加以点拨即可。语言学学科教学中有很多适于采用此种教学方法的部分:义素分析、述谓结构分析、语义指向分析、直接成分分析等。在教授这些内容时,教师可以先教给学生基本研究方法,然后指点学生进行实践。以"万一"的演变为例,"万一"来自"万分之一",到汉代演变即已完成。例如:

(4)其存人之国也,无万分之一。其丧人之国也,一不成而万有余丧矣。(《庄子·在宥》)

(5)夫欲治之主不世出,而可与兴治之臣不万一;以万一求不世出,此所以千岁不一会也。(《淮南子·第二十卷泰族训》)

(6)秋七月,诏曰:"……其令公卿有司,深以前世行事为戒。後嗣万一有由诸侯入奉大统,则当明为人後之义;敢为佞邪导谀时君,妄建非正之号以干正统,谓考为皇,称妣为后,则股肱大臣,诛之无赦。其书之金策,藏之宗庙,著於令典。"(《三国志·魏志·明帝纪》)

(7)汉武帝乳母尝于外犯事,帝欲申宪,乳母求救东方朔。朔曰:"此非唇舌所争,尔必望济者,将去时,但当屡顾帝,慎勿言!此或可万一冀耳。"(《世说新语·规箴·第十》)

例(4)中"万分之一"是表示数量的偏正短语,由于表达经济的需要,以及词汇双音节化的推动,"万分之一"有了三种简化形式"万分一、万分、万一",三种形式并存一段时间后,"万一"在竞争中,占据优势,得以凸显。例(5)中"万一"已凝固成词,表示数量极小,词义开始虚化,语义也融合为一个整体,基本凝固成一个双音词,表示所占极小的比例,是一种客观的抽象小量。例(6)中"万一"为连词,表示对某种未然的可能性小的情况提出假设;在语法功能上以假设作为起点,目的在于关联出当出现这种情况后会产生什么结果、该采取何种行动或寻求某种建议的后续句;在句法形式上,由出现在句末的宾语或定语位置变为出现在假设条件分句的句首或谓语之前,必须要依附于后续句而存在。例(7)中的"万一"为语气副词,它从宾语位置移至动词之前充当状语时,其语义和表述功能就发生了变化。其出现的上下文语境,语义上也包含[+未然]特征;句法上,它充当状语,但没有关联作用,不受后续句制约;表述功能上表示谓语动词发生的可能性小,同时也表达说话人的主观推测和主观愿望,带有主观性。"万一"的词汇化轨迹,图示为:

万分一　　　　名词:万分之一,数量上极少,引申为可能性极小的意外。

万分之一　　万　分　万一　　连词:可能性极小的假设

```
            万　一                        副词:可能性极小的语气
数量短语        省缩形式        词
```

"万一"语法化的演变路径:

万分之一	万一1	万一2	万一3
短语	名词	副词	连词
表数量极小	所占比例极小;	主观认为可能	主观认为可能
	可能性极小的	性极小的语气	性极小的假设

意外变化

　　该演变路径表明,从"万分之一"到"万一1"的演变,是词汇化;从"万一1"到"万一2"的演变以及从"万一2"到"万一3"的演变,是语法化。

　　3. 研讨式

　　和启发式、点拨式不同,研讨式教学更注重知识与能力的结合,对于学生科研能力的要求更高。它强调将问题的思考和课程的学习结合起来,从课内出发向课外延伸,尽量营造师生良好互动、友好交流的研究氛围,力求最大限度发挥学生主体性,更好地训练其思辨能力,开发其在教育科研方面的潜能。

　　如"小OV着"是现代汉语中常见的口语表达,如"小车开着,小风吹着,小酒喝着",表明对舒适的生活状态的描述,该描述可激发对某种状态的评价。"小OV着"的"评价"功能无法从其构成成分直接推知,因此"小OV着"是一个典型构式。

　　该构式如何产生? 构式义如何浮现? 如何在语篇中发挥作用? 话语功能是什么? 与相关构式的区别在哪里? 可引导学生进行思考。"小OV着"的构式义可以概括为:舒适生活状态的主观呈现。例如:

　　(1)坐在草坪上,背靠西山,小风吹着、小酒喝着,宽银幕里放着为咱单点的《天堂电影院》……这大概惬意美好得都让人有些不知所措了。(http://bbs. voc. com. cn/topic – 1823713 – 1 – 1. html)

　　(2)天天晚上小酒喝着,小歌听着,醉了就去睡! (http://tieba. baidu. com/f? kz =516787408)

　　例(1)的"小风吹着"和"小酒喝着"呈现出主体在某时段的状态及言者对这一状态的评价"惬意美好"。例(2)的"小酒喝着"和"小歌听着"表达主体"天天晚上"所处的状态及其带来的"舒适"感受。构式义的核心要素是"状态"及"主观呈现"。

再看状态的识解。人类将客观世界划分为各类范畴,空间和时间是人类定位自身的最基本坐标,据此划分出的事物和动作是坐标轴上的基本范畴。人类认知不同范畴的方式不尽相同,其基本的认知能力体现为心智扫描,包括"总括扫描"和"次第扫描"。"总括扫描"是宏观、整体的观测方式,扫描的结果为整体印象,如同照片摄影;"次第扫描"重在沿着认知对象的行为路径,感知其各个阶段的表现,如同电影镜头(张国宪 2009)。"小 OV 着"被识解为状态,扫描方式为先次第扫描,再总括扫描。以例(1)为例,观察者对"小风吹着"和"小酒喝着"的识解,如图1 所示。

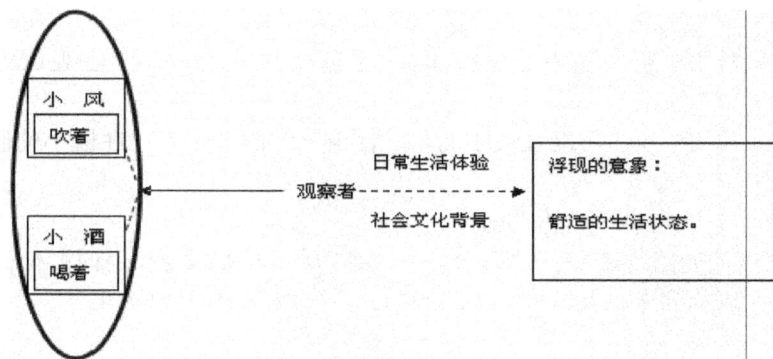

图1 "小 OV 着"的识解过程

如图1,"小风"首先和"吹着"组合。"小风"居于主位,得到凸显,成为前景信息,"吹着"表明"小风"存在的状态,是伴随性信息。"小酒喝着"可作相同理解。方梅(2000:40)指出,"V 着"结构表现的是"均质的时间结构。换句话说,'V 着'都具有静态属性(static property)"。由于"V 着"不具有强动作性,又置于宾语"O"后,从"图形－背景"理论看,"V 着"由原先的图形转为背景,仅"用于描绘相伴而生的状态"(方梅 2000:48)。"V 着"的静态属性和描绘状态的功能使"小 OV 着"呈现状态性征。状态与静止的事物具有极高的范畴相似度,运动完成便转为状态,动作完成即处于静止状态。单个"小 OV 着"呈现"事物及其具有的某种状态"这一意象,若干"小 OV 着"经次第扫描依序进入观察者脑海,后经总括扫描,各图像组接,形成整体画面——生活的状态。画面整合时,观察者将在日常生活和特定社会文化背景中产生的主观性灌入画面,形成对该生活状态的评价。

4. 实践＋反思式

和本科阶段的学生相比,师范生教育硕士具有实际教学经验,这使他们的综合实践能力大大增强,虽然说短短一年的时间还很不够,但是通过日常教学工作、现场观摩、评课议课等活动,仍然可以获得许多宝贵的教育教学经验。在硕士阶段的学习中,根据所学知识和理论,结合实际教学经历,进行反思和评析,总结经验得失,是提高科研能力的良好途径。

在语言学学科教学中,授课教师可以适当提供一些选题范围,围绕实际教学工作中会遇到的各种问题,例如语言知识的教学,语言应用能力的提高,语言能力与交际能力的相互影响等,以教学论文或是案例分析的形式,让学生对以往的教学实践活动进行反思和总结,这样既可以深化对所学理论知识的理解,也可以在此过程中进一步提高他们的教育科研能力。

(三)教学途径的拓展

1. 理论课教学

理论课始终是主要集中传授知识和技能的教学途径之一。在师范生教育硕士集中培训学习的过程中,理论课仍然是目前最主要的教授方式。理论教学有助于教师系统地帮助学生理解和掌握语言学理论和知识,专门训练各种教学实践技能,还能通过各种方式培养学生的教育科研意识和实际操作能力。

2. 实践考察

课堂中的理论学习之外,教学实践工作能力的培养也很重要。可以组织师范生进课堂,进行现场观摩,积极参与备课评课,还可以到教育基地综合考察,或是结合研究课题进行访问、调查等,都是全面提升教育科研能力的有效途径。

3. 专题研究

专题研究相对前两个途径而言,专业性更强,因此对于学生的专业素质和科研能力要求更高。专题研究可以是在教师的指导下,根据实际教学中出现的语言教学问题,先确定研究主题,再根据主题进行相应调查,搜集资料,在以理论指导研究分析原因,寻找解决问题的方法,最后对研究过程进行反思和评价,总结获得的知识和研究技能。

4. 各种教研活动

除了上述几种主要的教学途径之外,主题讲座、专家评议、名师示范课、论文案例评比等等,都是很好的锻炼方式,可以有效帮助学生把理论知识运用于教学实践,全面提高综合能力。

(四)教学效果的检验

1. 语言能力的发展与提高

语言能力包括分析语言现象,解释语言现象,抽象语言规律等。语言学学科教学的目的就在于发展和提高师范生语言方面综合能力。传统的闭卷试题之外,还可以其他更为灵活的方式进行测试,比方说,可以让学生观察某种语言现象,如网络语言对中小学语文教学的影响,分析其成因,并就如何在实际教学中应用提出自己的观点与看法,写一篇小论文等。

2. 毕业论文的写作

好的教学效果应该是学生综合素质的提高,这一提高过程可以反映在学生的毕业论文选题及其写作上。通过将课程的教学和学生的毕业论文选题有机地结合起来,可以使课程的学习和终极验收之间呈链式关系。如曾有一篇毕业论文:

《"小姐"一词社会认同归因分析——以华师社区为例》,就成功地运用了社会学的方法,主要运用文献回顾、定量分析两种方法对"小姐"一词的社会认同和社会认同归因进行分析,以华师社区为例,进行探索性研究。

3.科研论文的撰写

除了毕业论文之外,一名优秀的教育硕士还要有自主研究的意识,力求能在科研方面有更多的突破,其中撰写科研论文就是对研究成果进行反思和总结的有效方法。提出问题、确定研究方向、制订方案、收集分析整理资料、总结成果、反思得失,一系列的研究过程都对师范生教育科研能力的发展有着极其重要的作用。只有在不断学习和研究的过程中,一步一步踏实前进,才能真正从根本上养成良好的研究态度,掌握科学的研究方法,形成系统的科学观念,最终全面发展和提高综合能力。

三、结论和余论

免费师范生教育硕士阶段的最终目标是培养掌握现代教育理论、具有较强教学实践和研究能力的高素质的中小学专任教师,不仅要具有较好的学识修养和扎实的专业基础,了解学科前沿和发展趋势,还要具备较强的教学实践能力,能理论结合实际,发挥自身优势,开展创造性的教学工作和教育科研工作。因此在教学过程中要始终重视对其教育科研能力的训练与培养,结合学科教学活动,通过各种有效途径,充分利用教学资源,全方位发展和提高教育科研能力。

参考文献:

[1]邢福义,吴振国.语言学概论[M].武汉:华中师范大学出版社,2002.

[2]徐辉.师范教育与专家型教师的培养[J].教育科学研究,2003(4).

[3]张丹.师范生教育科研能力培养[D].江西师范大学硕士学位论文,2011(6).

[4]尹芳.强化科研意识,培养师范生的教育科研能力[J].成都大学学报(教育科学版),2007(4).

[5]陈琳.构建师范生现代教育技术能力培养新体系[J].盐城师范学院学报(人文社会科学版),2000(3).

[6]王健.师范生教育科研素质培养的理念与路径[J].江南大学学报(人文社会科学版),2005(8).

[7]肖全民.基于专业化发展的师范生教育科研能力培养探析[J].当代教育论坛:宏观教育研究,2008(11).

[8]严万跃.要重视对师范生教育科研能力的培养[J].青海师专学报(社会科学版),1999(4).

[9]方梅.从"V着"看汉语不完全体的功能特征[C].中国语文杂志社:语法研究与探索(九)[A].北京:商务印书馆,2000.

免费师范生教育硕士培养模式探析

范重庆　李学慧　郎东鹏
（华中师范大学化学学院）

摘要：本文贯彻"构建终身学习社会"的理念，结合"创新型、应用型"的目标，探讨了我国免费师范生教育硕士培养中存在的或将可能出现的问题，根据免费师范生教育硕士培养方案中专业知识和面向对象的特殊性的特点，加强对这类课程体系创新性和实用价值的设计。

关键词：免费师范生；教育硕士；实践教学；培养模式

《国务院办公厅转发教育部等部门关于教育部直属师范大学师范生免费教育实施办法（试行）的通知》（国办发[2007]34号）提出："免费师范毕业生经考核符合要求的，可录取为教育硕士专业学位研究生，在职学习专业课程，并通过论文答辩的，颁发硕士研究生毕业证书和教育硕士专业学位证书。"依据《教育部直属师范大学免费师范毕业生在职攻读教育硕士专业学位实施办法》（暂行）精神，根据教育部统一安排，自2012年起，各部属师范院校将从本科毕业后到中小学任教的本校免费师范毕业生中免试招收在职攻读教育硕士专业学位研究生。以上文件中只提到课程学习主要通过远程教育和寒暑假集中面授方式进行，但是具体的教学计划需要各部属师范大学根据本校具体情况自行安排。

一、免费师范生教育硕士的概况

（一）免费师范生教育硕士的概念

为了进一步贯彻"构建终身学习社会"的理念，为免费师范毕业生在职学习，成长为优秀教师乃至成长为教育家提供支持，教育部发布了《教育部直属师范大学免费师范毕业生在职攻读教育硕士专业学位实施办法》。

根据国务院政策要求，免费师范毕业生经考核符合要求的，可录取为教育硕士研究生在职学习课程，任教考核合格并通过论文答辩的颁发"两证"。2010年教育部新颁政策规定，免费师范毕业生到中小学任教满一学期后均可申请免试在职攻读教育硕士，经任教学校考核合格，部属师范大学根据工作考核结果、本科学习成绩和综合表现考核录取。免费师范生在职学习年限一般为2—3年。课程学习主要通过远程教育和假期集中面授方式进行。

（二）免费师范生教育硕士的发展沿革

从 1996 年至今,我国相继颁布了多项有关教育硕士培养的政策,逐渐形成了多样化的培养模式。经过数次改革后呈现为在职人员攻读教育硕士的培养模式、农村学校教育硕士师资培养模式、全日制教育硕士培养模式多种模式共存。[1]不同培养模式的学习方式不同,其中免费师范生攻读教育硕士的培养模式不再半脱产和在职兼读,而是以全在职模式为主。

（三）免费师范生教育硕士的培养特点

免费师范毕业生攻读教育硕士专业学位采取在职学习方式,学习年限一般为 2—3 年,实行学分制。课程学习主要通过远程教育和寒暑假集中面授方式进行。采取部属师范大学与地方政府、中小学校合作培养教育硕士研究生的新机制,选择具备条件的免费师范毕业生任教学校建立教育硕士研究生培养基地,实行部属师范大学和中小学的双导师制,共同研究和实施教育硕士研究生培养方案。通过全国教师教育网络联盟公共服务平台,部属师范大学教育硕士研究生课程实行学分互认,共享优质资源。针对其面向对象的特殊性,教育硕士研究生课程设置要突出实践性,密切结合中小学教育教学实践,并与本科阶段所学课程相衔接,整体设计。

二、免费师范生教育硕士现行教育模式的弊端

由于免费师范生教育硕士政策处于起步阶段,尚未形成一套有特色、较完整的教育体系,各种政策仍处于实验阶段,加之实行远程教育和寒暑假集中面授方式,还存在着各种问题有待改进。[2]

（一）师范生教育硕士跟不上教育事业的发展

自 1997 年首次开展教育硕士招生以来,尽管我国教育硕士的发展速度较快,,但总量和比例仍相对较低。据统计,从 1997—2009 年,全国在职教育硕士累计招生约 10.9 万人,加上农村教育硕士和 2009 年启动招收的全日制教育硕士,13 年间累计招生量大约在 12 万人左右。虽然超过教育学硕士研究生招生的总数,但是如果从总量上要是我国 1052 万普通中小学专任教师中 10% 的人具有硕士学位,那么教育硕士的培养规模还远远不能达到这一要求,而且规模与比例同发达国家相比也有相当大的差距。

（二）获取教育硕士专业学位研究生入学资格的考核标准不完善

教育部发布的《教育部直属师范大学免费师范毕业生在职攻读教育硕士专业学位实施办法》(暂行)中指出:"免费师范毕业生经考核符合要求的,可录取为教育硕士专业学位研究生,在职学习专业课程,任教考核合格并通过论文答辩的,颁发硕士研究生毕业证书和教育硕士专业学位证书。"但是考核标准较为含糊,指出根据工作考核结果、本科学习成绩和综合表现考核录取,合格与不合格之间没有明显的界定。由于免费师范生教育硕士是免试攻读,不像其他脱产研究生需要通过笔试、面试等层层考核才能被录取,门槛相应较低,可能导致研究生自主学习的动力较弱,学习比较被动,甚至简单的应付。鉴于教育硕士日后工作的对象的特殊性,故具体的考核标准需要明晰化。

（三）专业基础类课程繁多重叠实验教学环节缺少

课程是教育理念、教育思想和培养方案的具体体现。在课程设置方面,专业教育硕士的课程设置在很大程度上起到参考作用。课程体系作为实现教育硕士人才规格的重要因素,承载着提升教育硕士培养质量、推动教育硕士专业学位从单纯量的扩张转向质的提升的重要使命,但现行的教育硕士课程设置情况不容乐观。实际操作中由于对教育硕士课程体系缺乏研究,教育硕士课程体系自身存在很多问题,就更不可能好的实现教育硕士专业学位的培养目标,使其受到来自学生、社会的质疑。[3]

曾经有个对"4＋2"教育学硕士培养模式的调查分析,结果表明绝大多数学生认为专业基础类课程过于繁多且存在交叉重叠,那么在对免费师范生教育硕士的课程设置方面,我们要引以为戒。

美国著名的研究生教育学者梅黑幽在《研究生教育和专业教育改革》一书中阐明了研究生教育的本质:研究生教育是培养学生科学探索和创造研究的培养阶段,这个阶段不是进行机械的教学训练,而是重点引导学生开发智力,研究生教育就是培养学生在科学探索上的能力。基于这个论点,教育硕士的培养应注重教学与实践之间的转化,在原有基础上增设实践课程。

美国教育硕士的教学方式多样化,在教学中重视现代化教学方式和教学手段的运用。[4]在教学方式这一方面我们可以借鉴美国的培养方式。充分运用教案教学,研讨教学、行动教学的方式,把理论学习与实际应用紧密结合在一起。

（四）教育硕士培养规模的扩展与指导教师资源不足的矛盾

《教育部直属师范大学免费师范毕业生在职攻读教育硕士专业学位实施办法》（暂行）中指出:"选择具备条件的免费师范毕业生任教学校建立教育硕士研究生培养基地,实行部属师范大学和中小学的双导师制,共同研究和实施教育硕士研究生培养方案。"自2007年教育部发布免费师范生政策后,每年都有万余名免费师范生毕业,例如华中师范大学2007级毕业的师范生就有2287人,这导致教育硕士研究生数量锐增,规模大幅度增长,届时在校研究生规模将与免费师范生本科生规模相当,虽然实行的是部属师范大学和中小学双导师制,但合格导师人数终究跟不上学生增加的数量,尤其是部属师范院校的导师极度匮乏。加之教学方式是远程教学和寒暑假集中面授,于是导致了一个不良后果——每位导师指导的学生数量过多,师生人数比例失调。导师同时指导的学生数量过多,在学术研究上给研究生的指导势必会减少,一方面对研究生的培养质量造成负面影响,另一方面指导教师对研究生的学术论文缺乏严格把关,无形中为学术不轨行为创造了条件。

（五）现行实践环节和毕业论文设计可能达不到提升专业技能的目

标要求

1. 研究生创新思想与实践能力不够

教育硕士侧重于应用型,主要是为了基础教育事业培养具有现代教育观念、具备较高理论素质与实践能力、高水平的中小学骨干教师。教育硕士专业学位的获得者应具有复合型的知识和能力结构,既要掌握学科系统的专业知识和坚定的基础理论,又要掌握教育基本理论和方法,更能运用所学理论与知识解决中小学教学的复杂问题。由此,创新性和实用性在教育硕士的培养中的地位可见一斑。

然而,当前我国研究生教育中不管是学术科研型还是专业应用型,一个重要缺陷在于对研究生创新能力培养不够,人才培养缺乏创新精神,处于学术研究停滞不前,治学态度浮躁,民族气氛缺乏,创新思维压抑的局面。教育硕士的职业工作是教学,若是教师本身都缺乏创新感,试问将如何来培养学生的创新意识。

2. 毕业论文设计没有达到期望效果

高校在毕业环节中设立毕业论文的撰写这一环节,就是要全面综合性地考察研究生的学习质量和学术成果。

教育硕士专业学位研究生的毕业论文,要紧密结合工作实际,特别是免费师范生教育硕士,先有过一年的教学经验,更应结合实际教学中遇到的问题和有待提高的方面,进行课题设计,解决基础教育领域里的实际问题。有人担心这样的论文缺乏理论深度,会降低了毕业论文的水平。其实不然,教育硕士专业学位研究生培养的是应用型人才,就是要增强他们研究实际问题、解决实际问题的能力,研究生如果能带着工作中存在的实际问题进行论文工作,论文数据采集准确,论证严密,实用性强就是一篇合格的论文。

三、免费师范生教育硕士培养模式的改进建议

(一)改革和完善免费师范生教育硕士的选拔制度,推行淘汰制

将免费师范毕业生可录取为教育硕士专业学位研究生的考核标准明确化,遵循学生自愿与学校选择的双向选择原则,只有学生抱着学无止境、严谨治学的求学态度,才可能在未来的研究生教育道路上畅行无阻。另外,建立学习竞争机制,大力推行研究生淘汰制,让学生树立起"居安思危"的紧迫意识。让学生明白,虽然他们不像脱产研究生一样是艰辛付出后才得到的深造机会,但并不表示在研究生教育生涯中就此高枕无忧。对于那些在远程教学中表现不积极和寒暑假集中面授教学后不能提交深刻认识报告,以及在研究课题中不能有明显进展的学生予以取消资格的处罚。如此一来,一旦学生的自主学习和创新意识得到提高,培养高素质、创新型人才便有了进一步保障。

(二)加强课程体系建设以及实践教学建设

1. 调整公共课程与选修课程的比例和内容

教育硕士教育类课程公共必修课方面可适当降低政治、英语两大课程的比例；而在专业必修课方面减少教育学原理、教育心理学等在本科方面就已开设过的基础课程的课时，增大多媒体课件制作、互联网教学资源的获取与利用等内容，培养学生应用现代技术实施教学的能力和信息检索的能力；在选修课程方面，要增开一些专业课程，如学科教学专题与案例研究、新课程教学理论与实践研究、基础教育改革与发展专题等课程，让学生根据自身需要和特点，跨专业选择一些课程，满足学生多方向发展的需要。

2. 拓宽学科教育类课程，加强实践教学环节

学科教育类课程是为了加强学生专业基础和科学教学的理论素养，拓宽这类课程的设置就要调整纯理论课程的比例和内容，改变课程的学术化倾向，转而以现代教学思想、理念为指导，开设与基础教育师资质量要求相一致的课程，如学科教学论、课程分析与教学设计、课程有效教学研究、优秀教学案例研习、当代学科教育的革新与进展等。加强实践课，开设"教师专业能力实训"课程，如多媒体教学技能训练、案例教学和课堂实录分析，要求学生进行教学设计，并对学生的专业能力进行测试，组织学生观摩课堂教学，开展说课比赛和交流研讨活动，使学生感悟教育的差异，领略不同的教学方法和艺术，在思想的碰撞中得到启迪和提高，最终达到让每位学生形成一套具有自我特色的教学方式的目标。学生教学实践结束后，应撰写相应的调查报告，强化教育硕士实践课程，使学生将所学知识转化为专业行为，实现知行合一。

（三）实行导师组指导研究生的新模式

我国传统的导师制是单一的教学科研型模式，这种模式一方面导致导师少、研究生多的结构性矛盾突出，另一方面单一指导方式亦不利于研究生个性与创造发展，不利于研究生培养模式多样化的形成。针对这一现状，在部属师范学校导师这一方面，有必要改进单一导师指导方式，实行导师组制指导研究生的新模式——由相近学科专业导师组成导师组，进行研究生的培养。实行导师组制指导研究生的实质是由不同知识层次、不同专业特长的指导教师组成的研究生培养指导小组，由该小组对研究生实施全面、综合、具体的指导，让学生有机会接触不同学术风格的教授，有利于培养研究生的综合能力，扩大知识范围。

同时，导师组内实行导师责任制，每位导师固定几名研究生，针对研究生的研究方向、研究内容、研究进展严格把关，定期召开学术会议，针对研究生学习中遇到的问题进行集体讨论，统一指导。在导师组的指导下，调节调配学科内资源，共同制定研究生培养计划，最终使所有教育硕士研究生毕业时，都达到一定学术水平，形成各自独特的教学模式。

（四）以提升解决实践问题的能力为考核标准

1. 在实践教学过程中突出创新性和实用性

在实践教学中应坚持"以创新为灵魂，以实用为核心"的原则，学习国外创新

性教学模式。免费师范生教育硕士的授课方式之一是远程教学,正好可以利用网络环境充分发挥网络资源优势,组建虚拟团队。构建一个虚拟的网上学习和交流的平台,提出解决实际问题的新设想,由团队其他成员对设想的创新点和亮点进行讨论后给予中肯的评价,并适当提出自己的意见,实现资源共享。

2. 在毕业论文设计环节的教学安排中突出目的性

定位于培养"创新型、应用型"高素质教育人才的目标,毕业论文的选题应来源于教学中遇到的现实问题,必须要有合理的应用价值。论文写作的形式不应局限于传统论文形式,可以采用调研报告、案例分析、教学应用软件设计等多种形式。作为免费师范生教育硕士,有过一年的教学经验,更应充分发挥这一优势,以在实际教学中发现的问题作为课题进行系统地研究,并及时在后期的教学中进行应用和合理的试验。

另外,研究生在进行论文写作期间,指导教师要加强与学生的联系,对他们在进行论文写作过程中遇到的问题和困难,要给予及时的指导,帮助他们克服和解决。

参考文献:

[1] 刘建银. 我国教育硕士培养模式多样化问题的政策思考[J]. 学位与研究生教育,2011(1).

[2] 王刚,崔一梅,等. 新形势下我国硕士研究生培养模式探析[J]. 科技与管理,2008(10):4.

[3] 时花铃. 教育硕士教育类课程设置的问题及对策[J]. 教育理论与实践,2011(31):4.

[4] 刘文曦. 美国教育硕士培养模式研究[D]. 河南大学硕士学位论文,2009.

免费师范生教育的若干思考和实践

姜红[1]　于翔[2]

（1.华中师范大学马克思主义学院;2.华中师范大学化学学院）

摘　要:本文通过对国家重新出台免费师范生政策的背景进行简述,表明免费师范生政策可以看作是一件利国利民的好事。但是在鼓与呼的同时,作者也提出了自己的疑惑与拙见,通过对免费政策下的中国师范教育状况的分析,进一步提出双导师制:提高免费师范生质量的最佳策略。

关键词:免费教育;师范教育;师范生;双导师制

2007 年 3 月 5 日,国务院总理温家宝在十届全国人大五次会议《政府工作报告》中宣布,为了促进教育发展和教育公平,将在教育部直属师范大学实行师范生免费教育。一石激起千层浪,久违的"免费"师范教育复归。恢复师范生免费政策也成为近两年中国教育的一个热点,在考生、家长、学校、政府和教育研究工作者中引发了一系列反应。

一、免费师范生重新出台背景

师范生免费教育可以追溯到一百多年前中国第一所国立综合性大学京师大学堂时期。1902 年《钦定京师大学堂章程》中规定:"师范出身一项,系破格从优,以资鼓励"。[1]所谓"出身",是指待遇和毕业后的出路。中国近代师范教育由清末经民国再到今天,已经走过了整整一个世纪的历程。其间政权更迭,社会制度变化,师范教育的课程与内容也有了很大的变化,但是,当我们今天回顾这一百年的师范教育政策时,却发现了惊人的相似之处。1904 年的《优级师范学堂章程》则明确规定师范学生"在学费用,均以官费支给",并对师范生的就业作了限制"优级师范学生毕业生其义务暂定为 6 年,毕业生有不得之事故,实不能尽教育职事之义务者,可具禀声明实在情形,经本省督抚及学务臣核准,得豁免效力年限。毕业生有不尽教育职事之义务或因事撤消教员执照者,酌令缴还在学所给学费以示惩罚。"[2]这些规定几乎影响了中国教师教育一个世纪。可以很明确地看出,我国近代师范教育自设立之初,就因为享受免费教育而收到广大有志从事基础教育的年轻学子青睐。同事也很明确的规定了,师范生所承担的义务,可以说是现在免费师范生政策的端倪。

在改革开放之后,国家开始遵循市场经济规律分担成本原则加大了对高校改革力度。高校收费改革始于 1989 年,1994 年范围扩大到 37 所高等学校。1997 年以来,师范大学逐渐开始收费。[3]此后师范生的免费时代暂告一段落,师范生也开始不受限制,自由就业。近年来师范生源和教师职业声望下降,教师专业吸引力下降,而且伴随收费制度而生的就业自主制度令贫困地区的农村中小学教师匮乏问题日益严重。

时隔十年,政府再次提出实行免费师范教育,其政策初衷就是要扭转师范教育日渐弱化的趋势,进一步加强师范教育,进而加强教育工作。正如温总理所说,"就是要进一步形成尊师重教的浓厚氛围,让教育成为全社会最受尊重的事业;就是要培养大批优秀的教师;就是要提倡教育家办学,鼓励更多的优秀青年终身做教育工作者"[4]。免费师范教育从提升师范教育地位,强化教师社会地位,促进教育均衡发展等方面来说,都具有积极影响和现实意义。

由此而看,免费师范生政策可以看作是一件利国利民的好事。然而,仅仅实行师范生免费这项政策,就能形成尊师重教的浓厚氛围,就能让教育成为全社会最受尊重的事业,就能鼓励更多优秀的青年终身做教育工作者吗?爱之切,则思之深。对此在鼓与呼的同时,也不得不说源自心底的疑惑与拙见。且不可让其表面的"美"而掩饰中国师范教育的内在问题。

二、免费政策下的中国师范教育状况

(一)教师教育课程存在的问题

教师教育改革不仅要在制度上进行,更要在培养方案、课程教学上真正落实。在我国的高师院校,尽管 1997 年教育部实施了"高等师范教育面向 21 世纪教学内容和课程体系改革计划",形成了一些冲破旧模式的课程规划和教材模块,但总的说来,整体格局没有根本变化,作为教师专业基础的教育类课程与教学仍然十分薄弱,轻视实践,难以保证教师教育质量的持续提高。[5]教师教育课程存在的问题突出地表现在以下几个方面。

1. 课程忽视了师范性的体现

我国高师院校的课程分为普通文化课程、学科专业课程和教育专业课程,但在结构比例上一直是重学科专业课程、轻教育专业课程。高师院校各专业在课程设置上除去心理学、教育学、教学法等几门课程外,专业课程设置和综合大学基本一致。几乎所有高师院校的非教育院系都把教师教育课程(教育类课程)列到公共课的栏目中,教育类课程被置于整个课程结构中的"边缘"。师范大学的学生在校四年是与基础教育隔绝的四年,对自己未来从事的职业无从了解。由于师范院校在学科建设方面不及综合院校,师范生在专业学习方面也逊色于综合院校的学生,导致师范毕业生在未来的教师岗位竞争中不仅没有师范优势,在职业生涯发展中也没有综合院校学生更具潜力。

2. 课程内容陈旧,缺乏现代意识

从教育类课程本身来看,以"教育学"、"心理学"、"教学法"三门课程为主体的教师教育课程的内容,主要是"教育学、心理学的基本原理",以学科的体系性、逻辑性为特征,不能反映教育研究的最新理论成果,而且缺乏对中小学实践的研究,高师教育与基础教育的改革和实践脱节。而且内容也是陈旧不堪,老得掉牙,还是从苏联拿来的那一套。现在师范院校的公共"教育学"、"心理学"课程已经成为与"两课"("马克思主义理论"课和"德育"课)同样不受欢迎的课程。教材教法课在师范院校的课程体系中未受到应有的重视,尤其是在高等师范院校更是如此。学科教学法算不得学问已经成为一种较有代表性的观点。

3.课程设置上脱离中学实际

从课程的类型上看,我国教师教育课程的三个组成部分基本上分为两种类型:(1)理论性课程,以教师的讲授为主;(2)实践性课程,以教育见习、实习为主。当前的问题是理论性课程与实践性课程割裂,实习被安排在高师教育过程的结束阶段,是一次性的,且时间较短。这种传统的教育实习观只能与终结性的师范教育观一致。按说,师范院校为中小学服务,教育类课程的教师应该经常深入中小学进行调查,掌握中小学教育教学改革、发展的动态,但是,现在还能到中小学去的师范院校教师已经几乎没有了,难怪一些学生实习归来后怨声载道,对教材教法课程很不满意,认为"坐在大学校园里讲某某课的教学法理论,太脱离实践"。大量的师范院校教师尤其是年轻教师不熟悉当前中小学的教育实际和教改状况,更谈不上给中小学教改一些必要的指导。

(二)师范教育地位不被重视

自实施改革后,一些师范院校大量设置非师范专业,更多的师范专科学校选择了与地方院校合并,削弱了学校的师范性。华中师范大学等一批重点师范大学则向综合性、研究型大学转变。同时,北京大学、清华大学等一批综合大学也相继开办教育学院,实行了近百年的封闭的师范教育制度至此完全被打破。

实施改革计划,原本想通过师范院校综合化提高师范专业的学术水平,而事实上,这些部属师范大学崇尚综合化、研究型,在教学内容和教学形式上有意淡化师范特色,与培养合格教师的教育目标有所偏离。转型后的师范院校却热衷于扩大设置非师范专业;而设立了教育学院的综合性大学,却没有招收本科师范生。合并、兼并、升格、综合等途径的"制度重构",使教师教育制度出现了"无序状态"。所以师范生在师范院校被"轻视"的奇怪现象产生也不足为奇。其后果是师范院校数量急剧下降,师范生群体缺乏归属感,对师范专业"灰心",教师教育被边缘化,师范生生源质量明显下降,教师专业吸引力下降,农村教师队伍出现结构性短缺。高师院校如果将自己教师教的优势丢了,改革也就失去了意义。同时,师范院校转型成为综合性大学的愿望也不一定。

(三)师范学生动力不足

1.竞争性不强

当前社会氛围中教师地位依旧不高,愿意从事中小学教育的年轻人不多。只有热爱才是最好的老师。然而,当前高师学生的敬业精神状况不容乐观,华中师范大学对首届免费师范生进行了一次范围较广的问卷调查表明,"由于家庭经济状况而选读免费师范生的占33.2%,因为本身爱教育事业而选读免费师范生的占23.7%,在父母或其他人的建议下而选读免费师范生的占25.0%,因为其它原因而选读免费师范生的占18.1%"[6]。可见,经济因素是学生选择免费师范教育的重要因素,师范生免费政策能够解决部分贫困生上大学难的问题,但政策的宗旨并不在于此,而是为了提升我国基础教育的质量。因此,如何保证生源不是冲着"免费"而来,而是冲着"教育"而来是十分重要的。

另外,由于免费师范生政策的实施,有的学生错误的将它过去师范专业"免学费+包分配"的定向培养模式当成一回事。认为衣食无忧,没有就业压力。而部分学习优秀的学生,特别是重点师范院校学生本身的优越感,他们当中愿意农村基层当老师的则更事少之又少,甚至认为免费师范生政策的限制使他们的学业失去了进一步深造的机会。这些学生对于自己的未来是处于一种"茫然"的状态,找不到奋斗的目标。于是,在学习上得过且过,青春就这样被他们挥霍于网络游戏,男女恋爱等琐事当中,严重影响了学习动力,更有部分学生产生了抑郁,恐慌等心理问题。

2. 对教师职业应具备的知识和素养缺乏认识

前面提到过师范院校的课程设置存在严重的问题,这使很多师范生认为当教师很容易,有教材,有教师参考书,只要照本宣科就行。至于课堂上的那些"无用"理论不屑一顾。这种态度直接影响师范生的专业学习和教学技能训练。而这两点却是提高教师素质的关键。一些师范生连最基本的语言、文字关都没有过,实习课时,语言结结巴巴,吐词含糊不清,板书歪歪斜斜,时有错别字出现,甚至有的知识点也是错误的,引出不少笑话。许多师范学生本科读完了,依然是吃的中学时积攒下来的"老本",大学对于他们来说没有任何意义。

三、完善当前师范生免费教育的思考

恢复免费师范生政策解决了入口问题,但我们不能让免费师范生政策的"美"掩饰这些我们不得不面对的问题,我们应该设计相关政策措施去解决发现的问题,且不可让免费师范生政策"看对了病,开错了方而延误病情"。

(一)加大免费师范生政策的宣传

"政策解决的问题集中于基础教育师资队伍问题、贫困家庭子女上大学问题、师范生生源及培养质量问题,解决贫困家庭子女上大学问题只是一个方面甚至不是主要方面"[7],"提高教师质量,进而提高人才质量是建设创新型国家的根本,此次师范生免费教育试点政策的出台,正是抓住了培养优秀教师的源头"[8]。由此可以看出在以后媒体的相关报道中,应该更加深入地剖析政策的深层意义,让学

生对免费政策的理解不止局限于"免费"二字,真正做到吸引那些对教育事业有热心的高中生报考免费师范生。

为落实好这项政策,各院校都采取了多种形式对师范生政策进行广泛学习和宣传。如华中师范大学先后组织各级职员研讨师范生免费教育的文件,先后召开师范生免费教育宣讲大会、师范生免费教育座谈会、师范生免费教育咨询会、师范生免费教育老同志汇报会等形式的多样的活动,把广大师生员工的思想和行动统一到师范生免费教育政策上来。[9]又如:西南大学通过制作寄发《西南大学年师范生免费教育招生宣传专辑》,开辟西南大学师范生免费教育网页,在各类公众媒体开展师范生免费教育招生专题访谈、举办师范生免费教育专场招生咨询暨校园开放日活动、建立一批师范生免费教育招生基地学校、加强与部分省级教育行政部门的沟通交流等多种有效形式,充分宣传国家师范生免费教育政策和学校师范办学优势。学校还组织了"师范生免费教育政策学生宣讲团",深入到三峡库区开展广泛宣传。[10]

(二)培养高素质的新型师范生

1. 免费师范生培养方式大比拼

从六所部署师范学校的相关报道可以看出,为确保完成师范院校"把好的学生吸引进来,在学校培养好,到基层服务好"的"三好"观点[11],使学生具有热爱教育事业和长期从教的职业理想,学校都根据自身特点开展了一系列的相关工作。如:北京师范大学启动"名师导航"计划;华东师范大学在书院里共同成长;东北师范大学课程设计同课改相结合;陕西师范大学有二次专业选择的机会;西南大学终身学习打造"专业化"等。[12]同样,华中师范大学根据自身特点开展一系列培养优秀教师和教育家活动:如:针对新生入学教育,开展"知校"教育活动和学习"温总理回信"活动等;针对学生师德教育,开展征文活动,组织学生观看励志影片,诚信承诺签名等,都不同程度的为免费师范生创造出和谐的学习和生活氛围,使学生具有热爱教育事业和长期从教的职业理想。

2. 双导师制:提高免费师范生质量的最佳策略

在这场轰轰烈烈的"培养方式大比拼"中,笔者最认可的是在免费师范生当中建立了"双导师制"。教师职业具有明显的"双专业性"(学科专业性与教育专业性)和典型的"实践情境性",教师专业发展应该是"学科专业"与"教育专业"齐头并进的发展。[13]免费师范生的培养目标旨在促进其学科素养与教育教学素养的"双专业化",对此"双导师制"有着得天独厚的优势。华中师范大学化学学院是该校最早在本科生中施行"导师制"的院系,针对免费师范生这群"特殊"群体,学院领导在"导师制"的基础上又进行了一系列的改革,提出"双导师制"。

第一,"双导师制"培养模式和价值。

在选拔优秀大学专业教师担任学习导师的同时聘请具有丰富实践经验的一线中小学教师担任实践导师。一方面,师范生需要加强专业学科理论知识的学习,大学专业导师正能在学科专业知识及学科课程与教学研究方面发挥他们的引领作用;特别是专攻中学学科课程与教学研究的专家学者,更能够指导师范生提高理论素养、增强开发校本课程的能力;带领师范生掌握本学科或中学的课程与教学的发展动态,吸收其参与课题研究,从中开阔其学术视野,熏陶培养其科研意识和能力。这种"学术性"原本也是"师范性"的题中应有之义。另一方面,师范生也需要提升其教育实践能力,优秀的中学教师担任实践导师,弥补了大学导师缺少基础教育实际经验又难以深入中学教学现场的不足。使师范生耳濡目染、亲身感悟名师的教育实践智慧,并在名师指导下更多地通过教学观摩接触丰富复杂的教育情境,产生更多的个体性、经验性的情境认知,从而积累和提升实践智慧。"双导师将社会与高校的资源进行整合共享,吸收校外新鲜血液加入导师队伍,集理论与实践培养创新于一体,突出导师组集体培养的优势,这种多样化的培养模式是对传统单一、封闭式研究生培养模式的超越。"[14]

第二,"双导师制"的运作。

(1)实行导师聘用制:根据师范生培养目标,制定一定的聘用制度,导师师资队伍可以由专兼职两类教师组成。"其中专职教师主要以理论教学为主,要求其具有博士学位,并在学术界有较高声誉,除教学工作之外,要承担大型的持续数年的研究项目,但也要了解基础教育教学与管理方面的实际情况。兼职教师都是基础教育第一线的一些有精深思想的教育实践家组成.。"[15]他们可以为学院提供基础教育实践信息,是学院了解基础教育实际、联系基层学校的重要纽带.。"双导师制"免费师范生作为培养模式改革的新的举措,不能安于现状。要发挥双导师的积极作用,就必须加大工作考核力度。要根据研究生培养计划。明确双导师的岗位职责,对他们履行岗位职责情况定期考核。

(2)以"双导师制"为核心开展系列师范生教育:大学导师主要在学生专业学习、学术活动与专业实践活动方面指导学生。中小学优秀教师主要来自基础教育领域的教改专家和教学名师,他们通过讲座、座谈会等形式引导学生,并在教育见习、教育实习、毕业论文等实践活动中培养学生教育教学实践能力,指导他们结合本职工作开展微型教育研究、撰写教学日志、反思笔记、教育案例等成为他们教师生涯的启蒙教师。同样免费师范生与名师"面对面"系列讲座,陆续邀请一批优秀的中小学校长、教育经验丰富的一线教师、特级教师走上师大讲台。

良好的愿望未必就有良好的结果,良好的愿望更需要良好的执行与保障。确实,中央出台此政策用心良苦,这些年基层教育尤其是农村教育,师资严重短缺,教育水平低下,国家财政出资培养师范生,让他们学成后到需要他们的地方去教书育人回报社会。"我们相信在国家对师范教育高度重视的前提下,通过各级各地教育主管部门与学校的共同努力,免费师范生政策会不断完善,顺利实施。"[9]让师范生免费教育不仅仅只是看上去很"美"。

参考文献：

［1］张百熙.钦定学堂章程·钦定大学堂章程［A］.沈云龙.近代中国史料丛刊(三编第10辑)［C］.台北:文海出版社,1967:56.

［2］周然毅.中国师范教育的历史,现状和未来［J］.清华大学教育研究,2000(3).

［3］国家计委,国家教委.计价格［1994］1342号国家计委、国家教委关于调整普通高等院校学杂费问题的通知［Z］.

［4］赵秀红.师范生回归免费,好政策惠教惠民［N］.中国教育报,2007-12-28.

［5］钟启泉,王艳玲.从"师范教育"走向"教师教育"［J］.大学·研究与评价,2007(9).

［6］林钦,刘启芳,等.首届免费师范生对免费教育政策的认识调查——以华中师范大学为个案调查［J］.考试周刊,2008(28).

［7］孙锦明.师范生免费教育政策设计建议［J］.教育发展研究,2007(6).

［8］苏婷.师范生免费抓住了培养优秀教师的源头［DB/OL］.中国教育和科研计算机网,http://www.edu.cn/mtsd5594/20070307/t20070307_221782.shtml,2007-03-07.

［9］吴俊文,傅义朝.华中师范大学师范生免费教育的实施与思考［J］.大学·研究与评价,2007(11).

［10］陈时见,潘询,等.西南大学师范生免费教育的实施［J］.大学·研究与评价,2007(10).

［11］翟帆,赵秀红.让教育成为最受尊重的事业——全国政协委员热评部属师范大学师范生免费教育［N］.中国教育报.2007-03-07,(1).

［12］6所部属师范大学免费师范生培养方式大比拼［N］.北京中国青年报,2008-04-25.

［13］杨跃,张婷婷.双导师制:提高教育硕士培养质量的可能策略［J］.教育探索,2008(8).

［14］周红康.双导师制:创新型研究生培养的新机制［J］.江苏高教,2006(5).

［15］吴文莉,邬志辉.教育硕士专业学位师资队伍建设的初步研究［J］.高等师范教育研究,2000(3).

免费师范教育硕士生培养的困境前瞻与预防

——基于综合实验区的探索

夏守信 1　谭进 2

（1.华中师范大学研究生院；2.华中师范大学教育学院）

摘要：从其他类型教育硕士培养实践中存在的问题入手，分析了免费师范教育硕士生培养可能面临的挑战。华中师大教师教育改革综合实验区的实践探索为免费师范毕业生的进一步发展带来了良好机遇，为创新免费师范教育硕士生的培养提供了路径选择。

关键词：免费师范教育硕士生；培养；综合实验区

免费师范毕业生在职攻读教育硕士专业学位是完善和推进师范生免费教育的一项重要举措。2012 年 7 月，首届免费师范毕业生开始了硕士阶段的学习。虽然教育硕士培养类型众多，历经时间长短不一的实践探索，积累了相应的经验，但这些经验并不能照搬到免费师范毕业生在职攻读教育硕士专业学位的培养实践上来。鉴于此，本文将结合已有各种类型的教育硕士培养中暴露出的问题，依托华中师大教师教育改革综合实验区的探索，对免费师范毕业生在职攻读教育硕士专业学位的培养问题进行分析。

一、困境前瞻：免费师范教育硕士生培养所面临的挑战

目前，我国教育硕士专业学位有全日制教育硕士、在职人员攻读教育硕士、农村教育硕士和免费师范毕业生在职攻读教育硕士四种类型。虽然这些类型在培养目标上有差异，但是从教育硕士专业学位的设置初衷来看，都是为基础教育第一线的教师和管理人员提高自身素质，改善知识结构，提高学位层次开辟一条新的渠道。由此，它们在培养过程中会存在一些共性。笔者将通过分析前三种培养实践中的共性问题来揭示免费师范毕业生在职攻读教育硕士专业学位培养可能面临的挑战。主要体现在：

（一）实际需求与培养供给不协调

基础教育第一线需要教育硕士专业学位培养 出高层次的专门人才。这个"高层次"不仅仅被学历学位的高层次所标识，更重要的应该是接受培养的教师和管理者能够拥有整体素质和能力的高层次。具体而言，就是拥有解决包括教学、课堂管理、班级管理乃至学校管理等实际问题在内的综合能力素质的整体提升。目前的

现状是学历学位得到了普遍提升,但是能力素质等内隐参数并没有实质性提高。

（二）"双导师"配备质、量双不足

在教育硕士导师的遴选中,学术背景、学位层次仍然是重要的标准,对基础教育实践的经验、了解程度并没有得到足够的重视。同时,相比教育硕士招生类型的日益多元化、招生规模的井喷式增长,校内外导师的规模增长过慢。导师指导任务过重必将严重影响到指导的质量。

（三）课程设置过于学术化

从教育硕士的培养方案来看,其课程设置模仿学术型研究生的教育以理论知识为主线的学科课程体系,教学内容脱离基础教育实际,学术化倾向明显。

（四）教学很少关注学生的自主学习

一方面,教育硕士专业学位任课教师中,学术理论素养高的教师较多,但是熟悉基础教育并能运用所学理论解决基础教育实际问题的教师数量较少。另一方面,不论是面授还是网络教学,教师的课堂讲授方式仍然占据主流地位。这压缩了教育硕士专业学位研究生自主学习的空间,不利于他们开展研究性学习。

（五）实践基地不足、过程弱化[1]

教育硕士培养的实践性特征决定必须加强教育硕士培养的实践环节。近年来,各高校陆续建设了一批实践基地,但是重视程度还不够,建设的力度更不够。一方面,校外基地数量少,时间资源紧缺,导致部分研究生无法开展相应的专业实践;另一方面,校内现有基地资源分散,缺乏有效整合,没有得到充分、高效的利用,资源不足的局面进一步凸显。就具体过程而言,实践环节与课程教学处于割裂局面,不利于知识的迁移和实践能力的构建。

二、试路求变:华中师大教师教育改革综合实验区的初步探索

教师教育综合改革实验区的合作模式是通过自上而下的方式,搭建以"师范大学—地方政府（实验区）—实验基地（中心学校、基层中学）"为三级管理模式的合作框架。华中师大既是国家教师教育综合改革实验区构想的首倡者,也是先行者。通过与地方政府签订共建协议,该校在实验区推行的合作项目主要有免费师范生服务与素质拓展、教师培训与学历学位教育、优质教学资源共享、农村教育与社会发展科研合作、新农村建设服务拓展等项目。[2]目前,各合作项目稳步推进,给免费师范毕业生的进一步发展带来了良好机遇。主要表现为以下几个方面。

（一）实验区数字化学习港的建立,为免费师范生继续教育提供平台

2009年11月9日,华中师大在湖北省崇阳县召开了实验区建设工作会议,发布了实验区数字化学习港建设标准,并成功举行了首个数字化学习港开通仪式。截至目前,湖北崇阳、五峰、大悟、南漳,贵州余庆,云南大理、武定等实验区已建成

一批数字化学习港,并投入试运行,其它实验区的数字化学习港的建设也在建设进程中。这些数字化学习港的建立为免费师范生继续教育提供平台。

（二）实验区优秀教师的聘任,为免费师范生质量提升获取保障

实验区 20 多名优秀教师成为我校免费师范生兼职导师。我校实施免费师范生"双导师制",在各地中学聘任的近 80 名免费师范生兼职导师中,有近 20 名来自实验区中学。这些"身经百战"的优秀教师有着丰富的实践经验,对他们的聘用,不仅能够缓解导师资源严重不足的困境,同时能够对免费师范生进行有效的指导,确保质量的提升。

（三）师范生自身素质的夯实,为免费师范生声誉保证奠定基石

2010 年,华中师大派遣了 628 名免费师范生到 16 个实验区进行教学实习。2010 年 11 月以来,所有实验区均到华中师大招聘或提供需求,共录用免费师范毕业生 181 人,占免费师范毕业生总数的 8.4%。这些到实验区实习或是工作的免费师范生很受欢迎,很大程度上是由于这些免费师范生自身素质较好,在当地获得了良好的声誉。

（四）与实验区政府间的合作,为免费师范生支教服务搭建桥梁

根据免费师范生就业政策,到城镇工作的免费师范毕业生须到农村学校服务两年。华中师大建设的实验区,大多与县级政府共建,可作为其支教服务区域。因此,华中师大应与地方政府进行良好沟通,为免费师范生到实验区支教服务提供政策上的便利。此外,各实验区也非常重视支教生的即将到来,如余庆县高标准建设教师教育实验区,县政府投资 600 万元在余庆中学、余庆职业中学建设的两栋"华中师范大学实验区教师公寓楼"将于今年 12 月份投入使用,为免费师范毕业生提供良好的生活条件。

（五）实验区内合作课题的研究,为免费师范生自主探索创造空间

《国家中长期教育改革和发展规划纲要(2010—2020 年)》专家组成员雷万鹏教授先后到湖北崇阳、阳新,贵州余庆,江西德安等实验区进行课题研究,各实验区给予了大力支持。2009 年 7 月至 8 月,华中师大中国农村问题研究中心招募了近百名学生调查员开展了"百村十年观察"暑期调研活动,覆盖全国 258 个村(含实验区农村)、4000 个农户,对各地农村、农民和农业的现状进行了详细、深入的调查和研究,形成的各项调研报告,将为党和国家的"三农"决策提供有力参考。让免费师范生参与类似合作课题的研究,不单可以让他们深入了解农村实际情况,还能够为他们自主探索能力的提高创造一定的空间。

三、突围路径:免费师范教育硕士生培养创新的路径设计

华中师大教师教育改革综合实验区的探索正彰显勃勃生机,而免费师范毕业生在职攻读教育硕士专业学位也正蓄势待发。如何把握时机,迎接挑战,超越困境

是当前免费师范毕业生在职攻读教育硕士专业学位培养模式亟待思索的问题。笔者以实验区建设为依托，为促进免费师范毕业生在职攻读教育硕士的培养提出以下几点建议：

（一）充分利用信息技术，完善基础设施

免费师范毕业生在职攻读教育硕士是以远程教育为主，寒暑假集中面授相结合的教育方式进行教学。这种教学途径的实施要求有一定的硬件设施，而许多免费师范毕业生所在的实验地区之前会因经济落后缺乏相应设备是其难以继续获得教育的瓶颈。现如今，通过与实验区政府签订共建协议，建设了一批数字化学习港，完善了继续教育所需的基础设置，使免费师范生再度深造成为可能。这些数字化学习港的建立不仅为地方教师培训提供资源，今后也将成为免费师范毕业生的在职教育硕士研究生培养基地。

（二）充分利用优秀教师，建设导师队伍

以往教育硕士的导师多是理论素养较高的专家，学术水平的确是毋庸置疑，知名度也较高。但是免费师范生在职攻读教育硕士的培养目标是基础教育第一线所需要的高层次专门人才，这种人才不单能研究，更要懂实践。理论专家能够满足此类教育硕士理论知识的需求，但是实践方面较薄弱，造就的多是学历的高层次，能力的低水平。因此，可通过实验区教育部门的"荐才"，推荐当地优秀教师也教育名师分别担任攻读教育硕士的免费师范毕业生的"兼职导师"和"兼职教授"，这样就能够很好的弥补导师队伍不合理的缺陷，同时也可以在一定程度上缓解师资紧张的问题。

（三）充分利用优质资源，优化课程体系

以往教育硕士的课程多是以理论知识为主，教学内容脱离基础教育实际，具有明显的学术化倾向。如今，华中师大与实验区政府达成优质教学资源共享项目，主要通过建设教师教育区域性数字化学习港，将全国名校华中师大一附中的实时课堂、教务处的教师教育类课程、研究生处的在线学习网络课程、图书馆的相关资源通过网络传送到各实验区，供实验区在职教师和免费师范生学习使用。这些精品课程的开设可以很好的弥补以前教育硕士的偏理论性课程，优化课程体系，课程内容的实用性更利于达到教育硕士的培养目标。此外，华中师大将立项建设教师教育资源研发中心，着重建设优质教师教育教学资源库和教师教育教学资源支持和服务平台，这将为免费师范生在职攻读教育硕士的课程设置提供丰富的软件资源。

（四）充分利用合作课题，改革教学方式

以前的教学，无论是面授还是网络教学，教师的讲授占据主流地位。学生多是被动的接受，学生提不起兴趣，学习效果当然不甚理想。在新的实验区建设的背景下，华中师大与实验区建立了基础教育研究合作项目，具体是有华中师大社科处牵头，组织华中师大教育学院、心理学院、社会学院、管理学院、信息技术系、政治学研究院等多个院系的教师,与实验区教育管理、研究、教学人员联手,重点围绕一系列教师教育创新重大理论和实践问题,开展重大课题、重点课题和一般课题立项研究。攻读教育硕士的免费师范毕业生作为教学人员的一部分,也应借此机会,积极主动的参与课题研究,培养自己的自主研究性学习能力,在自我探索中增长见识,在与导师和同事的共同探讨中促进自身素质的提高,改变以往单纯的说教教学。

（五）充分利用实验基地,挖掘实践资源

教育硕士培养目标的实践性特征要求应加强其在实践环节方面的锻炼。以往的实践基地少,实践资源短缺是这方面效果不甚理想的主要原因。根据共建协议,华中师大与实验区合作开展有免费师范生支教服务项目,教学实习与社会服务基地项目,通过此类项目的开展,在实验区建立校级品牌志愿服务基地和社会实践基地,这样不仅能够合理的利用实验基地,借以解决时间资源紧缺的瓶颈,更好的优化实践资源。同时也给免费师范毕业生在职攻读教育硕士创造更好的实践空间,促使他们应用能力的提高。让攻读教育硕士专业学位的免费师范生能够将学习与实践结合起来,真正的做到做中学,学中做。

参考文献:

[1]夏守信,詹一虹,陈晓刚. 全日制专业学位研究生培养工作的现状分析与改进路径[J]. 湖北民族学院学报(哲学社会科学版),2011(6):146－148.

[2]华中师范大学就业指导中心组. 华中师范大学国家教师教育创新与服务综合改革实验区简介(内部资料)[Z].2008.

语文教育硕士培养的几点思考

刘　云

（华中师范大学文学院）

摘要：教育硕士专业学位的培养具有重要的现实意义，迄今为止已逐渐形成了四种培养模式：在职人员攻读教育硕士的培养模式、农村学校教育硕士师资培养模式、全日制教育硕士培养模式、免费师范生攻读教育硕士的培养模式。随着研究生教育事业的快速发展、规模上的持续增长和培养模式的多元化，必须深化改革、创新制度、规范管理、优化培养方案、加强教育实践和学位论文的写作。

关键词：教育硕士；培养模式；培养方案；课程设置

教育硕士专业学位是具有特定教育职业背景的专业性学位，主要培养面向基础教育教学和管理工作所需要的高层次专门人才。自 1996 年 4 月国务院学位委员会第十六次会议批准设置教育硕士专业学位，自 1997 年始在包括我校在内的 16 所师范大学开始试点，至今已经走过了 15 年的历程。教育硕士专业学位的设置为教育工作者，尤其是中小学教师提供系统的进修学习机会，掌握学科的前沿，提高专业水平和职业素养，适应现代教育发展趋势；进一步提高教师的职业地位，激励教师积极进取，使优秀的教师和管理干部脱颖而出。近几年来，教育硕士专业学位教育取得了突破性进展，专业方向逐年增多，培养模式多样化，招生规模不断扩大，因此，进一步思考教育硕士专业学位的培养具有重要的现实意义，本文关注的对象为学科教学（语文）教育硕士，俗称"语文教育硕士"。

一、教育硕士培养模式和培养目标

（一）培养模式

关于教育硕士的培养模式，相继颁布了多项有关教育硕士培养的政策，迄今为止已逐渐形成了四种培养模式：在职人员攻读教育硕士的培养模式、农村学校教育硕士师资培养模式、全日制教育硕士培养模式、免费师范生攻读教育硕士的培养模式。

1. 在职人员攻读教育硕士的培养模式

在职人员攻读教育硕士专业学位是我国最早实行的教育硕士培养模式。该模式的培养对象是具有本科学历、三年以上第一线教学经历的在职人员，主要是普通中学的专任教师或中、小学教育管理人员。可采取脱产、半脱产和在职兼读等各种培养方式,不过,大部分培养单位对此种类型的教育硕士采取的是"集中课程学习、分散论文写作"的培养模式。课程学习通常安排在寒暑假,学生疲于应付课堂学习中的理论,难有时间思考理论与实践的关系,当然会影响学习效果。由于是在职攻读,学位论文的写作往往在工作单位利用业余时间来进行,工作和学习的矛盾很大,因而论文质量难以保证。

2. 农村学校教育硕士师资培养模式

"农村学校教育硕士师资培养计划"于 2004 年启动实施,从具有推荐免试硕士研究生资格的高校中,选拔部分优秀应届普通本科毕业生,录取为"农村学校教育硕士师资培养计划"研究生,并与地方政府教育行政部门签约聘为编制内正式教师。前三年根据安排到签约的农村学校任教,第四年脱产学习教育硕士专业学位研究生课程,第五年在任教学校工作岗位上边工作、边学习,通过现代远程教育等方式完成课程学习,毕业时获硕士研究生毕业证书和教育硕士专业学位证书。该计划是鼓励和吸引优秀大学毕业生服务农村教育事业的重要途径,也是创新教师培养模式、造就大批高层次高素质骨干教师的重要举措。

3. 全日制教育硕士培养模式

全日制教育硕士培养模式是国家为更好适应经济建设和社会发展对高层次应用型人才的需要,自 2009 年起开始实行的以应届本科毕业生为主要培养对象的模式。开展以应届本科毕业生为主的全日制硕士专业学位研究生教育,对于完善专业学位教育制度、增强专业学位研究生的培养能力、满足社会多样化需求、加快培养高层次应用型专门人才,具有重要意义。此种培养模式中的培养对象是没有基础教育实践经验的人员,与教育硕士应用性和实践性的培养目标有较大的距离。由于缺乏对教学过程的感性认知,在课程学习中,全日制教育硕士专业学位研究生难以将教育理论和教学实践有效互动。

4. 免费师范生攻读教育硕士的培养模式

2010 年教育部出台政策规定免费师范毕业生到中小学任教满一学期后均可申请免试在职攻读教育硕士。采取在职学习方式,学习年限一般为 2—3 年,实行学分制。课程学习主要通过远程教育和寒暑假集中面授方式进行。在职学习专业课程,任教考核合格并通过论文答辩的,颁发硕士研究生毕业证书和教育硕士专业学位证书。由于课程学习主要通过远程教育和假期集中面授方式进行,又加上仅有一年的教学实践,所以兼有在职人员攻读教育硕士的培养模式和全日制教育硕士培养模式的弊端。

（二）培养目标

专业学位的设置不是以学科为依据,而是以职业为依据。全日制教育硕士是具有特定教育职业背景的硕士专业学位,其培养目标是:坚持硕士学位教育的质量、坚持教师教育理论与教师教育实践的有效结合,对教育硕士进行专门的、高水平的教师职业训练,使其具有较高的教师教育理论素养和从事基础教育教学或管理的能力,成为面向基础教育教学和管理工作需要的高层次应用型人才。

全日制教育硕士培养目标的内涵可以简单概括为:一是服务定位于基础教育,培养基础教育教学骨干、专家型教师、名师和走教育家办学道路的管理干部;二是培养高层次应用型人才,既然是全日制教育硕士,当然要具备硕士研究生应具备的理论和学术素养。不过,教育硕士强调的是应用型,不仅要有较强的教师教育技能,更重要的是发现问题、运用理论分析和解决教育教学中实际问题的能力。

二、培养方案和课程设置

研究生培养方案是研究生培养的主要依据和纲领性文件,是国家研究生教育的相关政策与各培养单位研究生教育的目标、定位和研究生培养的模式与方式方法的综合体现,是研究生培养最基本的质量标准。已有的语文教育硕士培养方案是在小规模、单一模式的状态下形成的,随着研究生教育事业的快速发展、规模上的持续增长和培养模式的多元化,必须深化改革,创新制度,规范管理,优化培养方案。

(一)培养方案

基于语文教育硕士培养模式的多样性和培养目标的应用型,语文教育硕士培养方案的制订需注意"三结合":教育性与学科性的结合,学术性与应用性的结合,指导性与灵活性的结合。

1. 教育性与学科性的结合

语文教育硕士既要体现教育性,又要体现学科性,而且要以学科性为核心。既然是教育硕士,当然要开设《教育学原理》、《教育心理学》、《教育科技学》、《教育研究方法》和《青少年心理学》等教育性课程,但更核心的是《语文教育论》、《语文教育发展史》、《语文教育改革与研究》和《汉语言文学研究》、《中国文化概括》等学科性课程。可适度减少教育理论课的课时,如教育学、心理学课程,因为学生不仅在本科阶段学习过(即使非师范专业的学生要取得教师资格证书也必须通过教育学和心理学的考试),而且是各校入学考试的必考科目。在职人员教育硕士、农村学校教育硕士和免费师范生教育硕士都有一年以上的教学经验,因此,教育性课程可引导学员结合自己的教育教学实践来理解和认识有关理论的本质,学几个抽象的教育学概念意义不大。

2. 学术性与应用性的结合

教育硕士专业学位是以教师职业为背景的具有明确的实践性、职业专门性的硕士学位,主要培养从事基础教育的教学和管理工作的高层次专门人才。教育硕士专业学位既然是一种硕士学位,主要培养面向基础教育教学和管理工作需要的高层次人才,作为"高层次人才"自然应当有一定的学术要求;同时,教育硕士专业学位是以教师职业为背景的具有明确的实践性、职业专门性的硕士学位,其课程内容当然要有实用性、微观性和实证性。基于此目标,语文教育硕士的课程在设置上应注重学术性与应用性的结合。

3. 指导性与灵活性的结合

由于教育硕士有全脱产、半脱产、在职兼读等多种培养方式,而且有在职人员教育硕士、农村学校教育硕士、全日制教育硕士和免费师范生教育硕士等四种培养模式,其培养方案的制订自然会有所差异。当前这四种培养模式同时在运行,从人数上说,以免费师范生教育硕士居多,我们可以以免费师范生教育硕士的培养方案为模版,根据需要适当增删以适应其他培养模式。培养方案一旦制定,经学校审议通过,就要严格执行,在实施过程中要维护培养方案的严肃性。

(二)课程设置

课程设置体现理论与实践相结合的原则,分为学位基础课程、专业必修课程和实践教学三个模块,课程设计不仅注意课程体系的规范,还要注意课程类型的丰富和课程内容的优化。既要有经典的基础理论课程,也要有方法论课程;既要有知识性课程,又要有思维和技能训练类课程;既要有科研基础类课程,也要有人文素养类课程。《教育硕士专业学位研究生教学大纲》规定,课程设置分为公共课与专业课两大部分。公共课为教育学原理、青少年心理发展与教育、中小学教育研究方法、课程与教学论、外国语。语文教育硕士的专业课为阅读教学论、写作教学论、语言基础知识教学论、语文课堂教学设计论、语文课程标准与语文课程改革、文学文本解读方法、美学与语文教育、语文教育简史、语文教材名篇重读、诗歌理论与鉴赏。实践教学原则上不少于一年,实践教学包括教育实习、教育见习、微格教学、教育调查、课例分析、班级与课堂管理实务等实践形式,其中到中小学进行实践活动的时间不少于半年。

关于公共外语课,可适当减少公共外语课的授课时数,同时可增加专业外文文献的阅读量,拟定必读外文文献目录,规定必须选读的篇数,使学生在阅读外文文献的过程中既学习外语、又学习专业知识,以促使专业水平和外语水平的同步提高,实现外语学习和专业学习的双赢。关于学科专业课的设置,应设置与中学语文教学有密切联系的课程,设置能加强、扩展或更新学员学科专业知识的课程。主要是采用专题形式,重视对语文教学与研究具有范例价值的内容。关于专业选修课程的设置,主要是设置能开拓学生的学科专业视野,能帮助学生了解和解决基础教育的课程与教学改革中的问题的课程。加强课程与课程之间的联系,教给学生科学的思维方法,为学生探索新事物、培养创新能力奠定基础。

在教学方式上,教育硕士在重视理论讲授、课堂讨论的同时,更加强调案例教学和问题导向教学的重要作用。案例教学是沟通理论与实践的桥梁,通过典型案例的分析、研究与讨论,来培养和提高研究生分析问题与解决问题的能力。问题导向教学是一种以教学中的实际问题为中心,包括中小学教育、教学和管理上的实际问题,由全体研究生共同研究并解决问题方案的一种教学方式,让学生在学习中研究,在研究中学习,它对培养研究生独立地发现、研究与解决实际问题的能力是十分有益的,通过多元化的教学方法,培养研究生综合分析能力、独立思考能力和知识创新能力。

三、教育实践和学位论文

(一)教育实践

实践能力和技能的提高,是培养职业型人才的关键。教育实践是师范教育贯彻理论联系实际原则、实现培养目标不可缺少的教学环节,是教学计划中的重要组成部分。通过教育实习,可以使学生把知识综合运用于教育和教学实践,以培养和锻炼学生从事教育和教学工作的能力,并加深和巩固学生的专业思想。要通过与中小学的密切合作,建立不同形式的教育硕士教学科研基地。实习基地是完成教育硕士研究生培养环节中实习和见习任务的第二课堂,也是检验学生教育教学能力的重要场所。积极尝试"双导师"制,通过聘请基础教育教学战线经验丰富的知名教师担任教育硕士实践导师,可以弥补导师缺少基础教育实际经验又难以深入中小学教学实践现场的不足,帮助学生真正融通"学科知识"与"教育理论"及"教学实践",以培养其利用教育理论独立分析、解决教学实践问题的能力以及根据教学实践推进教育理论发展的水平。

(二)学位论文

论文环节是培养研究生综合能力的重要环节,也是对研究生进行创新能力培养的关键。学位论文选题应紧密联系基础教育实践,来源于中小学教育教学中的实际问题,要具有较强的应用价值和一定的理论意义,拒绝与教育硕士培养目标不符的或空泛不实的选题。论文必须严格符合硕士学位论文的基本质量标准。论文形式可以多样化,如调研报告、案例分析、校本课程开发、教材分析、教学案例设计等。论文阶段包括文献查阅、开题报告、方案设计、实验测定、数据处理、论文撰写等诸多环节,论文写作阶段的基本年限安排为一年,为研究生论文题目的选取和论文工作的顺利开展提供时间保证。

参考文献：

［1］顾明远.教育硕士专业学位十年的思考与建议［J］.教师教育研究,2008(3).

［1］李三平,马文杰.数学教育硕士培养的进一步思考与建议［J］.当代教师教育,2010(3).

［1］刘合荣.略论教育硕士培养目标［J］.湖北第二师范学院学报,2011(4).

［1］刘建银.我国教育硕士培养模式多样化问题的政策思考［J］.学位与研究生教育,2011(1).

［1］牛拥.论教育硕士培养质量提高的制约瓶颈及解决途径［J］.江苏教育学院学报,2012(3).

［1］潘涌.语文科教育硕士培养方案研究［J］.河北师范大学学报(教育科学版),2002(4).

［1］邵光华.全日制教育硕士专业学位研究生实践教学模式研究［J］.教师教育研究,2012(2).

论历史学专业学位研究生信息化教学能力的培养

——以一节历史课的教学设计与实践为例

杜　芳

（华中师范大学历史文化学院）

摘要：信息化教学能力是当代历史教师应该具备的信息素养之一，同时也是信息技术环境下历史教育对教师教学能力的基本要求。历史学科作为一门综合性很强的人文学科，涉及的知识面很广泛，涵盖了人类社会生活的方方面面。如何聚集起尽可能多的历史资料和信息并快速、便捷地加以利用就成了历史教育工作者一直追求的梦想。因此，如何发展历史教师的信息化教学能力，尤其是作为未来历史教师生力军的历史学专业学位研究生的信息化教学能力一直是我们不断探索的课题。本文试图以师范生运用Webquest教学模式设计及实践"辛亥革命博物馆展厅由我来布展"的课堂教学为例，探讨高校院校历史学专业学位研究生信息化教学能力培养的途径和方法。

关键词：历史学；专业学位；研究生；信息化教学能力

基础教育课程改革以来，随着教育信息化进程的加快，现代信息技术与学科课程整合的逐步深入，教师的信息化教学能力的培养日益受到重视。历史学科作为一门综合性很强的人文学科，涉的知识面很广泛，涵盖了人类社会生活的方方面面。如何聚集起尽可能多的历史资料和信息并快速、便捷地加以利用就成了历史教育工作者一直追求的梦想。信息技术与历史课程整合的成败的关键在于教师。因此，如何发展历史教师的信息化教学能力，尤其是作为未来历史教师生力军的高师院校历史学专业学位研究生的信息化教学能力一直是我们不断探索的课题。本文试图以历史学专业学位研究生运用Webquest教学模式设计及实践"辛亥革命博物馆展厅由我来布展"的课堂教学为例，探讨高校院校历史学专业学位研究生信息化教学能力培养的途径和方法。

一、当前历史学专业学位研究生信息化教学能力的现状

我们认为现阶段历史学专业学位研究生在信息化教学能力方面存在的主要问题有以下几个方面。

（一）对相关信息技术理论的了解不深

学生对信息技术理论的掌握程度直接影响到信息技术能力的提高。通过初步

调查我们了解到,虽然有一半以上的历史学专业学位研究生选修了《媒体技术及应用》、《数据库原理》及《教育技术学》等信息技术课程,但对于这些理论的掌握还不够深入,并且他们的计算机水平普遍不高,大部分只会使用数据库、PowerPoint、Photoshop 等一些操作简单的计算机软件,而会熟练操作 Authoware、Flash、Premiere、Frontpage 等较复杂的相关计算机软件的则非常少。

(二)信息意识淡薄

信息意识是指教师对信息具有强烈的敏感性,能够敏锐地感受信息,具备对新的和有重大价值信息的感悟能力。历史学专业学位研究生普遍缺乏对飞速发展的教育信息化形势的深刻认知,没有深刻体会到信息化对历史学科带来的挑战,没有意识到信息技术与历史课程整合的趋势及其重要性,即信息意识淡薄。这势必会影响历史学专业学位研究生信息化教学能力的培养,从而影响未来历史教师的信息素养。要有效地培养教师的信息素养,首先得从改变传统的思想观念出发,培养教师的信息意识,这是培养教师信息素养的前提条件。① 也是提高历史学专业学位研究生信息化教学能力的前提。因此,高师院校应该采取措施,加强对历史学专业学位研究生进行现代教育技术理论的学习,深化教育信息化思想,以加强历史学专业学位研究生的信息意识。

(三)教学实践中主动运用信息技术的意识与能力不强

历史学专业学位研究生在教学课件的制作过程中,有多半的研究生能够独立完成,这说明大多数的研究生有一定的信息技术能力。但是,大部分历史学专业学位研究生在备课过程中准备资料的途径主要是教学参考书,其次才是上网搜索,同时对历史网站的使用情况也只是偶尔登陆。历史学专业学位研究生在教学实习过程中使用计算机进行多媒体教学的情况也不容乐观。每节课使用的人数不到四分之一,大部分是偶尔使用一两节课或上公开课才用,有的甚至从来不用。这说明历史学专业学位研究生在教学实习过程中主动运用信息技术的意识与能力不强,这与他们在学校缺乏有效的训练,实习学校的信息技术设备等因素有很大的关系。

二、历史学专业学位研究生信息化教学能力培养的实践探索

——以"辛亥革命博物馆展厅由我来布展"一课的教学实践为例

对于历史学专业学位研究生来说,除学习自己的专业知识,也要掌握信息化教学的技能。针对历史学专业学位研究生存在的对信息技术的掌握水平和应用能力还比较有限,对新型学习模式和教学方法的了解基本上处于感性自发的状态的情况,我们通过指导历史学专业学位研究生运用 Webquest 教学模式理论来设计和实施"辛亥革命博物馆展厅由我来布展"教学实践活动,以帮助和引导他们熟悉和掌

① 本文为"211 工程"重点学科建设项目"中华文化繁荣发展中的汉语学科创新"的成果。

握信息技术环境下的历史教学方法,充分利用计算机和互联网作为教学工具以提高教学效率,同时也促进其信息化教学能力的提高。

（一）引导历史学专业学位研究生进行 webquest 教学学案的设计

WebQuest 的教学模式是美国圣地亚哥州立大学教授伯尼·道奇（Bernie Dodge）于 1995 年提出的。Webquest 是一种基于网络的主题探究教学模式。Webquest 有长期和短期两个层次。我们设计的"辛亥革命博物馆展厅由我来布展"的 Webquest 教学学案是短期的,以两课时为标准。在设计"辛亥革命博物馆展厅由我来布展"的 Webquest 教学学案中,我们关注的焦点是如何引导历史学专业学位研究生设计一个能有效地促进学生的思维发展的方案,并在 Webquest 教学学案的设计与实施的过程中使历史学专业学位研究生的信息化教学能力得以提高。

在"辛亥革命博物馆展厅由我来布展"的学案设计中,首先是 Webquest 教学主题的选择与确定。在反复讨论的基础上,我们确定一个基本的探究框架:与辛亥革命有关的内容。因为我们主要在武汉的中学进行这项教学实验,针对的主要是武汉的中学生。"辛亥革命博物馆展厅由我来布展"这个探究主题更能激发武汉中学生主动学习与探究的热情。

其次就是对 Webquest 各个模块的设计。Webquest 由引言、任务、过程、资源、评价和结语等六大部分构成,其任务和过程模块是 Webquest 设计的核心环节,是课程目标的具体体现。一个优秀的"任务"设计不仅是可行的,能引起学生兴趣的,而且能够促进学生的高级思维能力的发展。

在"辛亥革命博物馆展厅有我来布展"的任务和过程模块设计中,一开始由于历史学专业学位研究生对 Webquest 教学模式的学习任务和学习过程设计仅限于形式上的理解,对于如何确立学习总任务及如何帮助中学生完成学习任务缺乏正确的认识,认为随便设计一两个问题就可以了。所以,"辛亥革命博物馆展厅有我来布展"学案设计之初的学习任务是"假如我们生活在硝烟弥漫的民国时代,作为政府官员,你有什么抱负？当时的条件支不支持你实现抱负？作为商人和学者,你最希望看到什么？当时面临着什么主要问题？作为普通民众,你有什么感触？"要求学生以新闻发布会的形式进行学习成果交流。每小组派一名代表做本组总结性报告,之后全体组员一起接受全班同学的"采访",以集体答记者问的方式回答 1—2 个问题。而对于如何在"过程"模块中搭建"脚手架"来帮助中学生完成任务就基本没有涉略。

为此,我们引导历史学专业学位研究生进一步研习 Webquest 教学理论,了解 Webquest 教学模式的任务"是 WebQuest 的一个重要组成部分,它是课程教学目标的具体化,完成 WebQuest 的任务,并不仅仅是让学生回答问题,而是要求学生通过更高级的思维技能来解决问题或做出决策,这些高级思维技能包括创造性、分析、综合、判断和问题解决等。"②在经过一次又一次的琢磨与反复修改后,提出了"为辛亥革命 100 周年,在百亿复建武昌首义古城的过程中,武汉重点建设了辛亥革命博物馆。那么,为什么在近百年之后人们仍会如此关注这样一场革命呢? 你对辛亥革命有了解多少呢? 如果由你来为辛亥革命博物馆布展,你会怎么做呢? 请你为设计一份辛亥革命博物馆展厅的布展方案,方案形式可以是文本、PPT、网页等。"的学习任务。

　　学习任务的完成必须借助"过程"模块中的"脚手架"的搭建,脚手架是"一类临时性的结构,用来帮助学习者超越他们现有的水平,更有技巧地开展活动。一个精彩的 WebQuest 根据需要构建脚手架,从而使得学习者的学习活动过程能够清晰地表现出来。"③伯尼·道奇提出,"在运用 WebQuest 的准备阶段,教师必须分析学生以前已经掌握的知识和即将引入的新任务之间的距离。他认为在学习过程的三个特定点需要采用'支架'(即脚手架)。第一,当学生从 WebQuest 的各种资源里收集必要的信息时,需要使用一种'接受支架'(reception scaffold)。第二,当学生阅读他们获取的信息后,反思并发现它们的意义时,需要一种'转换支架'(transformation scaffold)。第三,当学生准备制造某项作品,或者表达他们学习的结果时,需要一种'产品支架'(production scaffold)。"④

　　于是,我们引导历史学专业学位研究生围绕总任务的解决,把"过程"中设计为三大部分:"准备活动"、"开始"、"出台成果"。如在"开始"部分,设计了"回望辛亥、我评辛亥和纪念辛亥"三大学习内容,提供《辛亥革命大事年表》、《辛亥革命形势图》、辛亥革命文物和遗迹(组图)等作为"接收支架";在每个子任务中由浅入深地设计若干问题作为转换支架,提供一个幻灯片(PPT)模板作为产品支架。在此基础上要求学生设计布展方案。并有一个展示设计方案的过程,即"出台成果"。

　　通过对"辛亥革命博物馆展厅由我来布展"教学学案设计的不断修改,使历史学专业学位研究生对如何将 Webquest 教学理论与历史教学相联系有了更明确的了解,并进一步认识到了在信息技术环境下历史学专业学位研究生掌握一定的信息技术能力的重要性。

(二)指导历史学专业学位研究生开展教学实践活动

　　"辛亥革命博物馆展厅由我来布展"教学实践探索主要在武汉市中学的高中文科班进行,其中第一次在高一文科班,第二次在高二文科班,并采用观察和问卷调查相结合的方法研究教学效果。

　　通过第一次教学实践,反映历史学专业学位研究生在运用信息技术的过程中存在的问题有:①授课的研究生课前对教学平台的了解不够,操作欠熟练;②教学中师生之间缺乏良好的沟通,没有将信息技术环境下的学习流程对中学生交代清楚,导致中学生不明确学习任务,不能迅速地了解学习内容,学习时间分配不合理;③授课的研究生没有较好地利用学习管理平台对中学生的学习过程进行管理,表现为部分中学生游离于学习,利用计算机进行 QQ 聊天、画漫画等,小组成员间缺乏有效的合作交流;④"过程"模块设计不够详细,"脚手架"的搭建不到位,对中学生的指导作用不强,表现为中学生不能根据"过程"很好地完成任务;⑤学案的资源部分内容过多过杂,导致中学生眼花缭乱,无所适从。

针对第一次教学实践存在的问题,在第二次教学实验中,我们要求历史学专业学位研究生一是在上课前虚心向实验学校的计算机老师请教,熟悉了解教室里的计算机操作平台;二是在上课伊始向中学生详细介绍本课的学习流程,明确学习任务及每个环节所需要的时间,并且采取竞争机制,对中学生的最后提交的学习成果进行评比,实施适当的奖惩,以进一步提高他们的学习热情。此次教学效果与第一次相比有了很大的提高。

通过这次"辛亥革命博物馆展厅由我来布展"的教学实践活动,历史学专业学位研究生的信息技术运用能力得到了加强。历史学专业学位研究生不仅加深了对网页制作软件 FrontPage、Dreamweaver,多媒体开发软件 Authorware 的了解和掌握,而且对动态网页制作、动画制作软件、图片处理软件 Photoshop 等的理解与操作能力也得到提高,同时也体会到信息技术环境下教师间协作教学的重要性,其信息技术环境下的协作教学能力、教学监控能力、教学评价能力、促进学习者发展的能力都得到了一定程度的锻炼。

三、对高师院校历史学专业学位研究生信息化教学能力培养的几点思考

（一）重视历史学专业学位研究生信息素养的提高

在高师院校历史学专业学位研究生的课程体系中,与信息技术有关的主要《计算机基础》、《现代教育技术学》等公共课程,偏重于对基本的信息技术理论的介绍。但是,对于如何将这些基本的信息技术理论与历史学科教学进行有效的整合,以培育历史学专业学位研究生对于信息知识的理解和应用水平,一直以来都重视不够。我们认为,高师院校历史学专业学位研究生的教师教育课程应在培养他们的信息素养与信息技术能力等方面下工夫,如可以构建"学校公共信息技术课教学–历史学科教学研究—信息化历史课堂教学设计与实践研究"等多层面的信息素养教师教育课程体系,以进一步完善历史学专业学位研究生的信息知识结构,提高其信息素养,使其全面掌握现代信息技术,并努力在历史教学实践中将信息技术与历史教学进行有机地融合。

（二）创设良好的信息化教学环境,为学生提供更多的软件和硬件支持

高师院校历史学专业学位研究生的信息教学能力不强,与学校的信息化教学环境有很大的关系。因此,可以通过创设良好的信息教学环境的途径来提高师范生的信息化教学能力。如可以建设基于校园网的数字化学习环境:开放式网络教室、数字化图书馆、网络教学和管理系统等,为信息技术和历史课程整合奠定基础。还可以在校园网上建立"现代教育技术"和其他网络课程教学专区,把现代教育技术课的讲义及相关课件和精选的优秀专业课课件一起挂在网上,让学生根据自己

的学习需要,进行个别学习,以满足学生进一步学习的需要。

(三)构建合理的历史学专业学位研究生信息化教学能力训练模式

在目前高校院校历史专业的课程体系中,历史学专业学位研究生对于信息技术理论和历史学科教学理论已经通过"计算机文化基础公共课教学—教育技术公共课教学—历史教学论"的课程学习有所涉略,但有关信息技术应用能力训练的实验教学却基本难以开展。通过访谈,历史学专业学位研究生反映在影响个人信息技术能力的因素中,最主要的因素是"缺乏有效地训练。因此,如何构建合理的历史学专业学位研究生信息化教学能力训练模式,使其在上岗前就接受有关训练从而具备基本的信息技术与教学整合的能力,是提高历史学专业学位研究生信息化教学能力的关键。

我们认为,强调师范生的信息能力的培养,就必须建构一套切实可行的信息技术能力训练的培养机制。如在教育实习前,应鼓励学生尝试性地运用信息技术开展教学设计,并进行相关的教学设计竞赛活动;在教育实习中,应与有条件的中学合作,对历史学专业学位研究生的计算机操作及应用提出具体的规定,使学生能在真实的学校环境中运用信息技术,并进行相关评价,以提高信息化技术应用技能,为其能更好的适应将来的信息化的教学环境铺平道路。

参考文献:

[1]陆宏,孙月圣.信息技术与课程整合的理念与实施[M].北京:首都师范大学出版社,2007:219.

[2]张有录.媒体教学论[M].北京:国防工业出版社,2008:280.

[3][美]伯尼·道奇.FOCUS:撰写 webquest 的五项原则[EB/OL].柳栋译. www.being.org.cn/webquest/focus.htm.

[4]叶平.webquest"支架"学习概念[EB/OL].http://www.cst21.com.cn/2/wq-zj1.htm.

在中学物理中实施双语教学的思考

石丽华　　王娟

（华中师范大学物理学院）

摘要：我国改革开放以来，与国外的交流越来越多，学校要培养大量适应社会发展需要的复合型人才。"双语教学"成为了教学实践和教学改革的一个热门话题，褒贬不一。本文通过问卷调查和物理学科双语教学实践活动来分析了物理双语教学的必要性和可行性，提出了一些有关开展物理双语教学的建议。

关键词：双语教学；物理；中学教学改革

一、引言

改革开放以来，我国与国外的交流越来越多，尤其是加入世界贸易组织以后，经济建设和社会发展都与世界产生了更加紧密的联系。同时，"科教兴国"是我国进行社会主义建设遵循的一个战略方针，每个现代社会的公民必须不同程度的了解和掌握科学技术。物理教学在全面提高学生的科学文化素质的同时，也应该培养学生与世界接轨。中学作为人才培养基地，也随着对外开放的深入，不断的推进教学改革，提高学生能力，以更好的适应社会发展对复合型人才的需要。"双语教学"是学校推出的众多教学新尝试中的一个重要举措，也成为了教学实践和教学改革的一个热门话题。

而在目前，双语教学也是一个富有争议性的话题，一般认为在普通中学大规模开展双语教学尚不具备现实基础。在我国现阶段大部分的学生还是要面对一定的升学压力，且在教材、师资、学生素质等方面存在着障碍。尤其是物理学科，学生对于物理概念的理解和掌握本身就比较困难，再加上物理专业词汇的掌握需要学生花费一定的时间和精力。虽然，在我国大多数地区已经进行了课程改革，提出了新的课程理念，比如在初中开设科学课，强调学生实践能力，减轻学生课业负担等。但是，由于考试制度的制约，应试教育总是避免不了。因此，要在教学计划安排的课时内用双语教学的手段完成现行教学课标所要求的内容存在一定的困难。

近几年，我国出现了一大批双语学校。有的已经形成了一定规模，建立了包括幼儿园，小学、初中、甚至高中在内的教育集团。但在实际教学过程中却出现了良莠不齐的现象，在沿海经济发达地区教学质量明显好于其他地区。这与和政府的重视和支持是分不开。就武汉地区而言，也开展了一系列的双语教学尝试，学生的热情高涨。但升学压力大,师资不足是目前最大的问题。笔者借鉴了上海、天津等地成功开展双语教学的经验,并进行了大量的调研,认为在中学物理教学中开展双语教学的目的更多的是培养学生对物理的学习兴趣,让学生熟悉一些科技方面的英语文体、语法、词汇等,在一定程度上提高学生英语能力。若要培养学生的英语思维能力,是需要很长一段时间的双语环境熏陶的,因此它只能作为我们开展双语教学的最高目标。

二、针对双语教学的问卷调查

针对武汉地区中学是否具备大规模推广双语教学的环境和条件这一问题,笔者在武汉地区进行了 600 份问卷调查及个别访谈。为了保证被试的代表性和全面性. 我们的问卷分为学生答和教师答两部分。其中又分为上过双语物理课的师生答和未上过双语物理课的师生答。这四个部分都兼含主观题和客观题,客观题里又分为单选和多选两种形式。我们调查的内容大致包括对双语教学基本概念的理解、对双语教学的印象和期望、本学校实施双语教学的基本情况(教材、课堂活动、对教师教学的看法等)以及对双语教学课的模式的调查。

问卷统计结果反映出来的部分数据如下。

(1)从对双语教学基本概念的理解和对双语教学的印象和期望看,学生们对双语教学这一概念的理解都很模糊,但大家似乎又觉得双语教学有实施的必要性,认为很有必要将双语教学进行下去的学生占到了调查总数49%,并且有41%的师生认为双语教学有可能成为中学里一种普遍的教学形式。认为没有必要的多为学习较为吃力的学生和师资力量匮缺的部分学校教师。

(2)从学校实施双语教学的基本情况的调查中反映出,32%的学生使用的是中英双语的教材,有46%的学生在上双语课时使用的仍然是全中文的教材。大多数的师生都认为他们所上的双语课对新旧知识进行了融合。

(3)就双语教学的实施目的而言,68%的师生认为是给社会培养尖端人才,有利于对外交流。18%的师生认为是提高学生的学习兴趣。而有14%的师生认为这是一种时尚。学校进行双语教学是为了提升知名度。72%的学生希望通过双语教学既能提高所授学科的水平又能提高语言能力。

由此可以看出,多数的师生对双语教学还是持肯定态度的。

三、双语教学在中学物理教学中的必要性和可行性

虽然目前的双语教学仍处在探索阶段,全面普及双语教学存在很多困难,但在中学物理教学中恰当合理的开展双语教学还是十分必要和可行的。

首先对于有条件参加国际物理奥林匹克竞赛的学生,在日常物理教学中开展

双语教学必不可少。中国是在 1986 年在参加国际物理奥林匹克竞赛的,全国中学生物理竞赛是从 1984 年开始的,每年通过全国中学生物理竞赛挑选 15 名左右中学生进行强化训练,以备参加国际物理奥林匹克竞赛。这样的集训十分重要也非常紧张,因为中国中学物理教学大纲与国际物理奥林匹克竞赛的考试大纲差别很大,后者规定的许多内容在我国中学里没有教过。而且准备参赛学生的英语水平一般,不能适应出国与外国人进行交流的需要。在两个月的强化训练中,这些学生不仅要学习物理知识,同时还要花大量时间来解决语言问题,学生的压力很大。

我国大部分地区的重点中学都开设有培养竞赛人才的特长班,在这些特长班中开展双语教学是十分必要的。尤其是物理学科,专业词汇多、知识面广,如若在日常教学中让学生提前适应运用双语来思考问题、解决问题,便可以减轻学生集训压力。同时,这些学生中也不乏物理科学的爱好者,双语教学可以提高他们英语水平,让他们了解一些科技方面的英语文体、语法、词汇等,为进一步了解、探究科学前沿知识奠定基础。

其次,对于有一定英语基础的班级,适当的开展物理双语教学也是必要的。社会竞争日趋激烈,对人才的要求也不断提高,能熟练的使用双语的人才必将成为社会的主流。而物理学是培养学生基本素质的课程之一,是研究物质的基础自然科学。进入 21 世纪,物理与其他学科的渗透会更加明显,物理学将在与化学、生命科学、材料科学、环境科学、信息科学、能源科学、海洋科学等的交叉渗透中有大的发展。而随着我国加入 WTO、教育国际化、经济一体化的快速发展,加强技术引进和科技创新,提高我国的经济竞争实力,在此过程中迫切需要大量既掌握专业知识,又掌握科学知识并能自如的运用英语交流的复合型人才。因此,从物理学科着手培养中学生双语能力,为学生铺平未来成才之路,提高学生综合素质,是很多物理教育工作者的愿望。

最后对普通班级,在物理教学中部分内容可有选择的采用双语教学,能增强学生的学习兴趣,收到意想不到的教学效果。笔者曾对某中学教授同一教学内容,一个采用全母语教学,另一个采用双语教学的两平行普通班进行了对比,发现在实施双语教学班中,对于词汇和语法都很简单,像故事一样生动的教学内容,学生个个听的津津有味,并积极参加互动,能根据预习资料中所给词汇表描叙一些物理过程。而在全母语教学班的教学过程中,虽然教授的是相同的内容,但是课堂气氛却截然不同。学生表现的不是非常热情,讨论时发言也没那么踊跃,每次只有两三个同学发言。

教学结束后,立即对学生进行测试和调查,要求学生独立完成。通过五选择题(每题 1 分)和两道说明题(每题 2.5 分)的测试,得出结果见表 1 所示。

表1

	10分	8分	7分	7分以下
双语教学班	1人	8人	9人	2人
母语教学班	1人	7人	11人	1人

从测试结果来看,两个班的教学效果相差不多,学生们都基本掌握了本节课的知识要点,可以运用这些知识点来解决一些实际问题。但从学生的学习兴趣和学习主动性的角度看,双语教学的效果要好于普通模式教学效果。通过课后了解,双语教学班的学生表示对教学内容问题产生了浓厚兴趣,回去后会尽快自学相关知识,并且觉得自己英语听说水平有所提高。母语班的学生表示这堂课的内容已经完全掌握,认为讨论虽然有益,但有些无聊,所以不愿意发言。

由此结果来看,恰当合适的开展双语教学不会影响教学质量,长久的看,还有可能提高教学质量。在一些对简单问题的讨论中,如果采用普通的教学模式,可能会有学生不感兴趣,而用双语教学,让学生用英语来说明这些简单的问题,创造了更多英语听说能力的练习机会,同时也巩固了物理知识。

目前大多数中学不可能实现按照英语水平编排班级,也就是说,一个班英语水平参差不齐。在这样的班级中开展双语教学可以有选择性循序渐进的进行。

（一）在趣味中进行专业术语的教学

如重力（gravity）、位移（displacement）、速度（velocity）、加速度（acceleration）等。比如特意将 acceleration 写成 ac－c－－e－－－1－－－－e－－－－－r－－－－－－－a－－－－－－－－t－－－－－－－－－i－－－－－－－－－o－－－－－－n,学生印象深刻又充分理解了加速运动的真正意义。掌握了英语的一词慢慢地学生积累了一定的专业词汇,对以后阅读理解物理方面的专业书籍是很有帮助的。

（二）双语应用于比较释疑,效果显著

老师总是再三地强调物理概念的某些差别,而学生却又总是一而再、再而三地忘记这些差别,比如速度 velocity 和速率 speed,弧度每秒 radian/second 和转每秒 round/second,教学时不厌其烦写上对应的英语单词,效果比简单的说教要好得多。

（三）双语引入可加深对基本概念的理解

当学生已经习惯于物理课堂出现英语单词或英语句子时,可以选用双语方式引入某些课题的教学,比如单摆。把单摆的制作过程用英语投影出来,引导学生按要求做成的摆,学生会因此牢记摆与单摆的区别,知道在什么条件下摆可以成为一个单摆——细线的质量和小球相比可以忽略,而球的人小和细线相比可以忽略。在物理课中有选择地应用双语引入的方式,能加强学生对这方面内容的重视程度,加深他们对物理知识和物理规律的理解。

（四）在习题教学中加强学生应用英语的能力

在应用物理规律或物理公式解决一些较为简单的问题时用双语,设置一些英语表述的物理问题,如"The Eiffel Tower is 300 m high,A boy at the top,lip,on a banana skin and falls over the side. 和 How lone has he not to live?" 这样的问题饶有趣味,在学生巩固学科知识同时增强了学生应用英语思考问题的能力,融学科知识、英语能力、行为习惯和交全教育于一体,一举多得,何乐而不为呢?

（五）重要规律的教学与国际接轨

物理学中一些重要的规律如牛顿运动定律、开普勒定律等,最初的表述都是英文的。在教学中若能将这些定律的中英文表述以及物理学史上科学家思考、处理问题的方法介绍给学生,无疑对学生的素质培养有很大的作用。

学生对具有英语氛围的物理课堂渐渐适应时,便可以尝试让学生用英语来解释物理现象、物理规律或用英语进行讨论回答问题。

四、对组织实施双语教学的思考

此次调研引发了笔者对双语教学的进一步思考:怎样恰当合理的开展双语教学? 如何调动学生对双语教学持久的学习积极性?

中学物理学科涵盖的知识面广,教学大纲要求的知识点多,课时紧张。恰当合理的在一些介绍性强、难度不是很高的章节开展双语教学,可以让枯燥的理论知识生动起来,提高学生的学习兴趣,引导学生进一步钻研。对于学生而言,要熟练掌握这些物理知识点已经是要花上一些功夫的,开展了双语教学后,还要记忆相关的英语单词,学习难度和学习量都被加大。若想让学生一直保持很高的学习积极性,就必须提高学生的学习兴趣,组织学生开展实验、讨论的活动。俗话说得好,兴趣是最好的老师。学生对物理学习有了浓厚的兴趣,自然愿意探索钻研,便可以更好的掌握物理知识要点。

上双语教学课应注意以下几点:一是教师备课一定要充分,以防出现不知道如何解释是好的尴尬场面;二是不应把物理课上成英语课,读读写写,听听背背,物理课始终还是物理课,是以研究一定的物理现象、揭示一定的物理规律为目的,怎样把物理概念、现象、规律用英语讲清楚是我们的目标;三是上双语课更要注意对学生的表现及时作出肯定和评价,对学生而言,用英语思考、讨论问题及回答问题不是一件容易的事,如不及时评价,或评价不当,会地打击学生的积极性;第四,双语课要讲究实效,仍需要贯彻教学大纲的精神,将课上到应有的深度。

若要将双语教学推广开,还需大家的共同努力。一部分教育工作者和学生不赞同双语教学,的确,在开展双语教学的初期它会在一定程度上影响学生参加考试的成绩,但是双语教学的开展并非全然不切实际,也并非不可行。需要师生更新观念,看到双语教学的积极意义,尤其是教育管理者一要从根本上接受双语教学,从行动上鼓励双语教学。要将双语教学长久的、规范的开展下去,不能停留于蜻蜓点水、浅尝辄止的阶段。学校对于双语教学的开展要有一定的规划安排,教师也要不断提高自身素质,充分准备每一堂双语教学课,并且多讨论交流,甚至可以试探性的建立一些双语教学资源的网络平台。让双语教学走进学生们的生活,贯穿学生小学、中学、大学的学习过程,真正的提高学生的素质。

参考文献:

[1]王斌华.双语教育与双语教学[M].上海:上海教育出版社,2003.

[2][加]麦凯,[西]西格.双语教育概论[M].北京:光明日报出版社,1989.

[3]徐萍华.双语教学在中学物理教学中的可行性研究[J].物理教师,2005(3).

对教育硕士（学科教学·化学）培养工作几个问题的思考

李学慧

（华中师范大学化学学院）

摘要:教育硕士是为基础教育培养优秀师资而设置的专业性学位,其培养应准确定位、确定其培养目标,其课程设置应突破教育学硕士课程设置的框架,注重理论与实践相结合的原则,设置符合教育硕士专业学位特点,突出职业性、实用性、过程性、实践性等特征的教育硕士课程体系,使教育硕士的培养走出学术化倾向的藩篱。

关键词:化学;教育硕士;培养工作

教育硕士专业学位是一种具有特定教育职业背景的专业性学位,主要培养面向基础教育及其管理工作需要的高层次人才。就其学位性质而言,具有很强的专业性和实践性。而化学教育硕士培养,是化学教育中一项基础性的工作,也是全面实施素质教育的一项重要工程。结合我校化学教育硕士培养工作的实践,对化学教育硕士培养中,应注意的几个问题略抒己见。

一、教育硕士研究生培养目标的定位思考

专业学位是作为全日制学位的补充和社会对高级应用型人才的需要而发展起来的,实践性、职业性和综合性是它专业学位的三个基本特性。教育硕士设置的目的主要是为基础教育培养具有扎实的理论基础、拥有较强的现代教育观念、具备较高的理论素养与较强的实践能力、高水平的中小学骨干教师。教育硕士的培养侧重于应用,以解决实际存在的教育教学和管理中存在的问题为目的。从培养目标讲,专业学位获得者的基本素质是在行中求知,以实践为基础去贯穿理论,最终达到理论与实践的有机结合。

综上所述,教育硕士专业学位人才培养的目标定位为教学专家或教育家。那么教学专家或者说教育家应该具备哪些素质和能力？我们认为应以教师自身专业发展的能力、反思性教学的能力以及教师行动研究的能力等培养为主要目标。

二、教育硕士专业（学科教学·化学）研究生的培养目标与研究方向

教育硕士专业学位的设置,不是以学科为依据,而是以职业为依据,故又被称为专业学位。以基础教育的、化学教师为培养对象的教育硕士学位称之为"教育硕

士专业学位(学科教学·化学)"。教育硕士专业学位是具有特定教育职业背景的专业性学位。这类似于 MBA(工商管理硕士)专业硕士学位和法学硕士学位。其培养目标是培养面向基础教育、教学和管理工作需要的高层次人才。教育硕士专业学位(学科教学·化学)研究方向基本上与化学教学论研究生方向相同,但他偏重于实践研究。如中等教育中的化学教学改革与实践研究,中学化学教学论研究与实践、中学化学实验改革与实践研究,中学化学教学中各种不同类型课的教学研究等。教育硕士专业(学科教学?化学)研究生学位性质属于专业性学位,以培养合格的应用型高层次基础教育人才为主,强调其应用性、实践性。

三、化学教育硕士培养的课程设置设想

在化学教育硕士培养中的课程设置上,要抓住以下三点。

首先,在建立正确教育思想与认知理论的基础上,提高教师的教学思维能力,培养教学意识。

其次,将运用现代技术的技能与培养教学思维能力相结合,使化学教育硕士从方法、手段与技能上为充分利用现代技术进行化学教学做好准备。

最后,课程设置要体现理论与实践相结合的原则,突出教育硕士的实践性、职业性和综合性。

(一)课程结构

教育硕士的课程结构一般分为公共基础课程、专业必修课程和专业选修课程及实践教学四个模块。其中,公共基础课程是指任何专业的学生都必修的课程;专业必修课程是指该专业的每个学生必修的课程,它可以确保所培养人才的质量;专业选修课程是指学生可以有选择地学习的课程,它列出一些与专业相关的交叉学科方面的课程,让学生在一定范围内选修,从而提供了学生个性能力发展的机会。实践教学部分是指教育实习和调查研究。

(二)课程内容

教育硕士的公共基础课程的内容是由教育管理部门设置的,它主要包括英语、政治理论、教育学原理、课程与教学论、中小学教育研究方法、青少年心理发展与教育等。通过这些课程的学习使得学生具备一定的专业基础知识和政治道德素养,树立起"学高为师,身正为范"的基本观念。教育硕士的专业必修课程和专业选修课程,允许培养单位根据学生的实际情况自主设置。华中师范大学化学学院针对差异性内容设置了专业选修课程。其中,专业必修课程有四门:"化学课程与教学论"、"化学教学设计理论与实践"、"化学教学诊断学"、"学科发展前沿专题"。专业选修课程也有七门:"化学专业英语"、"化学实验安全操作规范"、"奥林匹克化学竞赛研究"、"现代化学进展与中学化学教育"、"化学学习心理与学法指导"、"现代教育技术在化学中的应用"、"化学实验教学设计与研究"。从以上课程内容,特别是专业必修课程与专业选修课程可以看出,课程设置表现出了明显的实践性取

向,即强调教学技能训练、重视培养媒体资源的应用与开发能力,而对于教学研究能力的培养则是融入到日常的授课过程中,这无疑是为了实现培养普通合格教师的基本目标。

四、重视实践教学,提高教育实习质量

(一)教育实习的必要性和重要性

教育实习不仅是培养学生实践动手能力和创新精神、保证培养目标实现的不可缺少的教学环节,也是学生提高就业能力和增强对社会适应能力的重要手段。

首先,实习是社会实践的重要一环,教育实习使研究生获得在学校课堂上得不到的知识。对研究生来说,进行教育实习不仅可以检验自己的理论知识学习,把所学用于实践,而且还有利于自己接触社会,查找自身不足,学到象牙塔之外的生存技巧。实现理论和实践的统一。

其次,实习是实践教学的重要一环,探讨教育硕士的实习问题是因为实习在专业硕士研究生培养过程中的重要作用而做出的。在教育硕士培养方案中,都对实习工作做出了明确要求:实践教学原则上不少于一年。实践教学包括教育实习、教育见习、微格教学、教育调查、课例分析、班级与课堂管理实务等事件形式,其中到中小学进行实践活动的时间不少于半年(创造条件,尽可能采取顶岗实习的方式)。教育实习时间为8周等。

(二)要制定科学合理的实习制度

首先,要制定科学合理的实习计划。实习计划的制定应该由学校与实习单位协商制定,以确保其可操作。具体来讲,一是有实习带队教师和实习指导教师;二是有实习的场所或场地;三是有实习开展的经费;四是有实习的规章制度,如考核制度、安全制度等。

其次,要建立健全科学合理的实习考核评价体系。教育硕士实习考核评价是教育硕士实习过程中的一个重要环节。实习考核评价体系可以分三个部分:(1)评价标准;(2)评价指标;(3)评价手段和方法。

最后,要处理好研究生、实习单位和培养单位三者之间的关系。在必要时,可以签订合同等来约束和规范双方的行为。

参考文献:

[1] 曲海红.全日制教育硕士研究生培养目标的定位思考[J].中国电力教育,2011(35).

[2] 孙凯,曾庆吉.全日制专业硕士实践教学研究[J].成功(教育),2012(3).

[3] 郑柳萍,颜桂炀,林深.教育硕士专业(学科教学·化学)研究生培养的实践与思考[J].高教论坛,2006(1).

[4] 朱晓宏.实践取向的教育硕士课程建设[J].中国教育学,2009(12).

网络环境下《生物学教育原理与方法》课程学习方式的变革

崔鸿　赵坤兰　施海丰

（华中师范大学生命科学学院）

摘要：学习方式是教育理论研究中的一个重要概念。多数学者认为学习方式指学生在完成学习任务时基本的行为和认知取向。它不是指具体的学习策略和方法，而是学生在自主性、探究性和合作性方面的基本特征。在分析传统《生物学教育原理与方法》课程学习局限的基础上，提出了在网络环境下《生物学教育原理与方法》课程学习方式变革的策略、新的学习方式的特征及新型学习方式的构建。

关键词：学习方式；变革；网络环境；《生物学教育原理与方法》

学习方式是当代教育理论研究中的一个重要概念，由美国学者哈勃特·赛伦于1954年首先提出。目前，学术界对其解释并不完全一样，大多数学者认为学习方式是指学生在完成学习任务时基本的行为和认知取向。它不是具体的学习策略和方法，而是学生在学习过程中的认知、行为、情感以及社会化参与的有机结合。自主性、探究性和合作性是学习方式的三个基本维度。

传统的学习方式关注的是知识的灌输、强调理论知识的学习，而很少让学生自己去体验和感悟，忽视了主动探究学习、知识的应用以及教与学的交流与互动。这种学习方式严重阻碍了学生思维的发展及学习能力的提高。转变学生的学习方式就是要转变这种单一的与被动的学习方式，提倡和发展多元化的学习方式，特别是要提倡自主、探索与合作的学习方式，使学生的主体意识、能动性和创造性不断得到发展。

随着信息网络技术的飞速发展，网络教学应运而生。网络给人们提供了大量而丰富的学习资源，使现有的教学内容、教学手段和教学方法遇到了前所未有的挑战，而网络环境下的学习方式将变得更加丰富起来。本文以《生物学教育原理与方法》课程为案例，探讨在网络学习环境下《生物学教育原理与方法》课程学习方式的变革。

一、传统学习方式的局限

（一）学习环境的局限

传统的学习环境是指学校生态环境、教学设施环境、班级氛围等影响学生学习的因素，教师、学生及教学资源等在集合一间特定的教室，教学活动在固定的班级和统一的时间单位内开展,有利于提高教学效率和学校进行教学管理。

《生物学教育原理与方法》的教学对象是在职教师。与一般意义上的学生不同,在职教师除按时完成本门课规定的教学任务外,仍要完成原单位学校规定的教学任务,即学生和教师双重身份,还有部分教师甚至还要照顾家庭。传统的教学只能在固定的时间和教室听教师讲授,无法满足每个教师实际情况,欠缺灵活度。

（二）学习内容单一

传统的学习内容基本等同教材内容,包括三个主要特点：固定化、真理性（权威性）、抽象性（脱离生活性）。学生主要是从课本上获得该学科的理论知识,缺乏与教学实践相结合,即学生能记住一系列教学理论,却无法用这些理论解决实际教学问题。另外,学生基本只依靠教材获取知识,单一的学习渠道限制学生对知识的理解和领悟,闭塞视野。

（三）师生交流方面互动性差

传统的课程教学以教师为中心,以教材为中心,以课堂为中心。在课堂教学过程中,学生直接接受教师教授的知识,教师处于主动地位,学生处于被动状态。教师与学生处于不同的层面,知识传递的方向是纵向的,强调教师的"教",师生互动性差,教学过程中很难做到因材施教,照顾不到广大的学生。

二、网络环境下《生物学教育原理与方法》课程学习方式变革的策略

（一）学习目标定向的转变

传统的《生物学教育原理与方法》课程学习为传统的课堂教学,重点培养学生的认知能力,教学目标着眼于学生对相关教学理论知识的掌握。

网络环境下的《生物学教育原理与方法》课程学习更加注重学生实践能力的培养,教学目标着眼于学生能用相关教育教学知识解决教学实际问题。在《生物学教育原理与方法》网络环境的每个专题中,结合学习内容为学习者提供了大量的实践机会,如"课堂讨论"栏目中,我们在"中学生物教育测量与评价"专题设置了实践活动,要求学生结合教材"生长素的发现"这一节内容,开展情感态度价值观教育。同时在每个专题中提供了多个课题供学生选择研究,这种科研实践是检阅学习者学习效果及将理论知识运用于实践能力的良好方式。

在学生参与实践,与他人、环境等相互作用的过程中,形成了参与实践活动的能力,提高了教育教学水平。

（二）学习观的转变

随着网络技术的不断发展,学生学习方式逐渐多样化。与传统学习方式相比,网络课程的最大优点是能够满足多数学生学习需求,找到适合自己的学习方式和学习内容。因此学生对待学习不再是为完成一项任务、一份期末的试卷,更多的是对自我能力的培养和提高。

《生物学教育原理与方法》网络课程不仅仅为学习者提供了丰富的课程资源，同时还在"讨论二"栏目中创设了有益于学生进行交流的平台，而"讨论一"栏目则提供了让学生充分展示自己的能力和空间，"练习与测验"栏目提供了学生利用所学的知识解决实际教学问题的阵地，"作业"栏目的设置促进学生课后进一步巩固知识。这样的设计便要求学生必须改变被动的学习者身份，确立自身在网络环境下自主学习的学习主体地位，把学习看成是获取知识、培养能力、增进沟通与交流的发展过程。

（三）学习资源观的转变

传统学习环境下，学生学习的资料往往局限于教材，然而由于教材的使用周期一般都比较长，因此教材中的内容与学科发展相比会存在一定的滞后性。随着网络技术的不断发展，学生可以很方便地从网络上获得大量的学习资料。我们开发的《生物学教育原理与方法》网络课程为学生提供了丰富的学习资源，以满足不同学习者的需要。同时在构建资源库的时候尤其关注学习资源的时代性与科学性、开放性与扩充性、集成性与共享性。

"课程资源"模块内容包括了《生物学教育原理与方法》课程 8 个主要的专题，每个专题内都提供了大量的与学习内容相关的拓展学习材料，这些学习材料可不断地动态添加，以保证学习内容的新颖性和前沿性。其中"课程资源"模块包括PPT 课件资源库、图片资源库、文本资源库和视频资源库等模块，学习者可根据需要和兴趣点击观看。以专题五"生物学教学策略"为例（主要资源），"PPT 课件资源库"模块提供 7 个 PPT 文本，分别包括合作、探究和概念图等教学策略；"图片资源库"模块提供 10 个图片资料，主要包括参考数目、概念图等；"文本资源库"模块提供近 50 个有关教学策略方面的文本资源，包括各类教学策略的理论知识和实践案例；还有若干视频资源，包括一线教师实践教学、专家教师点评等视频。

丰富的学习资源为学生提供了广泛学习的可能性，因此要求学生转变传统的学习资源观，积极利用《生物学教育原理与方法》网络课程中的学习资源开展更富个性化的学习。

三、网络环境下《生物学教育原理与方法》课程学习方式的特征及其构建

（一）强调主动参与，促进学生由被动学习向自主学习转变

建构主义理论认为：学习者学习知识须通过自身的主动建构才能获得牢固的知识，学生是知识信息加工的主体，而不是外界刺激的被动接受者。《生物学教育原理与方法》课程强调学生是学习的主体，提倡学生自己制定学习进度，提倡学习者积极运用各种思考策略和学习策略。

鉴于网络环境更强调学生自主性，为保证学生在外部监控较弱的情况下能安排学习进度，主动参与课程的学习，本课程采取以下几种激发学习动机的策略。

1. 多种形式的学习资源

与传统静态教材文本相比,网络课程提供 PPT、文本、视频以及图片等多种多样的资源形式,提供多种形式的感官刺激,形式灵活,避免了传统单一学习内容的局限,增进学生对知识的理解和领悟,增长见识。学生可根据教师制定的学习任务,从云平台数字化资源库中选择合适的课程资料,课前或者课后进行自发地、有意识地自主学习。

2. 充分满足学习者的学习需求

本课程的学习对象主要是在职的中学教师,他们在实际的工作中会碰到许多案例而自己又无法很好解决,本课程在介绍理论知识的同时结合分析了大量的案例,同时在课程资源中也提供了大量的案例,因此他们可以从这些案例中找到解决问题的办法或得到启示,同时在每个专题后还提供了大量的科研选题,以指导学习者的研究工作,从而激发学习者的学习动机。

3. 提供有助于自主学习的导航

《生物学教育原理与方法》在"课程内容"模块中提供的关于学习目标、学习时间、学习进度以及相应评价等方面的建议及安排,为学生的自主学习提供基本条件。学生可根据课程的要求和自身的实际需求确定学习时间和进程,自主学习本门课程。

(二)鼓励探究,由单一的接受性学习向注重研究性学习转变

传统教学过程中,学生往往处于被动地位,教师关注的是知识的灌输,让学生获得系统的学科知识储备,学生是接受知识的"容器"。随着社会的不断发展,现成的知识已经无法满足当前学生的需求,因此在课程的学习中应更加注重培养学生独立获取知识的能力。

研究性学习其学习目标开放,不但注重知识目标的实现,更重视过程的体验。这个过程中经历的成功、困惑、挫折亦或是失败,带给学生内心深层次的体验都是深刻的、丰富的,它对学生的成长、发展是极为重要的。

《生物学教育原理与方法》课程倡导研究性学习。网络课程在开发和课程设置过程中注重创造有益于学生发展的探究活动,在专题教学内容的设计中注重问题情境的创设,引起学习者的思考,激发学习者进一步学习的动机,如在"讨论一"栏目中,曾设置了"结合'遗传和变异'教学案例,引导学生思考'什么是教学艺术'的问题等"。另外在每个专题中都提供了具有研究价值的教学内容,通过课程论文的撰写,让更多的学生参与这些课题的研究。在研究过程中,学生学会了如何查阅相关资料、如何设计调查问卷、如何开展调查工作、如何分析数据、如何撰写调查报告等科研方法,同时培养了严谨求实的科研精神。逐步让学生形成好提问、好探究的心理倾向;进而形成善于质疑,勤于思考,并在自主探究中获取新知的心理品质;最终形成较持久的科学探究的兴趣和较强的实践、探索、创新的欲望和能力。

(三)注重交流与合作,由个体学习向注重合作学习转变

相对于传统学习环境,网络环境下的学习是孤独的,为保持学生兴趣,我们利

用华中师范大学云环境网络平台云提供的多种交互方式如 E – mail、QQ 等进行小组交流、讨论、探究。《生物学教育原理与方法》网络课程中设置了"讨论二"栏目，所有学生均可在"学习主题"范围内自由发言，既可参与教师设定的论题进行讨论，也可自己发起一个话题引导别人讨论；既可以以个人为单位，也可以小组为单位在线进行讨论。同时也可以针对别人的意见和观点进行评论，每个人的发言或评论都即时地被所有参与讨论的学生看到，这样让学生在获得学习体验的同时也逐渐建立小组情谊。同时，教师对学生学习的过程进行全面的观察、参与、监控，通过网络"倾听"学生的发言，并对讨论的话题进行正确的引导，及时给予学生科学的评估，最后对整个讨论过程作总结和点评。从而全方位地激发学生的学习热情，充分调动学生的积极性与主动性，实现学习成果的最大化。

网络学习超越时空限制的特性为学生开展合作学习提供了保障。在网络环境下的合作不仅表现为同班同学的合作，还可实现跨年级的合作，如学生可以通过网络课程的"讨论二"栏目与教师或其他学生讨论课题的研究，还可以通过"课程讨论"、"练习与测验"和"作业"等模块提交作业，学生通过阅读和评论其他学生的论文开展合作学习。这种多元主体的合作很好地促进了课题的进程，同时使得参与研究的课题组成员在合作中增进了交流，得到共同的成长。

四、总结

《生物学教育原理与方法》网络课程依托华中师范大学云教育平台，通过精心设计课程内容，提供大量学习资源，结合案例开展的学习活动，使学生在理论与实践的学习中内化知识，培养了学生的独立思考、提出问题、交流讨论的思维能力和协作能力，在合作交流中能力、情感态度价值观得到发展，学生的主体性得到了最大体现。该课程在初步的实施中，教师、学生反映良好。但在教师实时的参与学生的学习，对学生的实时评价上有待进一步完善，课程实施效果的评价也有待进一步考察。

参考文献：

[1]余文森.简论学生学习方式的转变[J].课程·教材·教法.2002(1):25 – 26.

[2]崔鸿,郑晓蕙.新理念生物教学论[M].北京:北京大学出版社,2009.

[3][4]靳玉乐.自主学习[M].成都:四川教育出版社,2006.

基于"自主、探究、合作"策略的网络学习实践研究

——以"生物学教育原理与方法"课程为例

李云云　　崔鸿

（华中师范大学生命科学学院）

摘要：基础教育课程中强调培养学生的合作能力、探究意识。"生物学教育原理与方法"是攻读教育硕士的免费师范生的课程，对培养基础教育生物学教师具有重要作用。本文基于自主、探究、合作的学习策略，介绍了"生物学教育原理与方法"的网络课程的教学实践，将信息技术和新新课程理念结合，为教育硕士的培养模式提供借鉴意义。

关键词：探究；自主；合作；网络课程

一、自主、探究、合作

基础课程改革中，强调培养学生的合作能力、探究意识，注重培养学生的独立型和自主性，引导学生探究。在此背景下，生物课程标准提出倡导探究学习，逐步培养学生的交流合作的能力，并多次提到引导学生自主学习，主动探究。自主、合作、探究学习是时代精神的反映，是以培养创新精神和实践能力为核心的素质教育的必然要求。正因为如此，新课程凸显自主、合作、探究。[1]在教学实际中，"自主、合作、探究"的学习策略的应用并不理想。因此，在攻读教育硕士的免费师范生中推行"自主、合作、探究"的学习策略，将有利于师范生在教学中实践新课程理念。

自主学习是学生在学习活动中自我决定、自我选择、自我调控、自我评价反思、发展自身主体性的过程。[2]自主学习强调学生主体，注重学生的主动性、学习的独立性和自控性。探究学习是指学生通过类似于科学探究活动的方式获取科学知识，并在这个过程中学会科学的方法和技能、科学的思维方式，形成科学的观点，树立科学精神。[3]科学探究通常从提出问题开始，根据问题做出假设，再制定计划、实施计划，最后得出结论、表达和交流。简单来讲，探究学习就是学生自主提出问题并通过自身努力解决问题的过程。探究学习注重学习中的问题性、过程性，强调开放性，对培养学生的生物科学素养具有重要意义。合作学习是指在教学过程中，以学习小组为教学基本组织形式，教师与学生之间、学生与学生之间，彼此通过

协调的活动,共同完成学习任务,并以小组总体表现为主要奖励的依据的一种教学策略。[4]合作学习强调学习过程中的互动性、交往性。

"自主、探究、合作"的学习方式,能够促进学生在教师的指导下更加主动地、富有个性的学习,从而实现教师主导学生主体的学习。

二、课程目标和课程解析

网络课程是在先进的教育思想、教学理论与学习理论指导下的基于 Web 课程,其学习过程具有交互性、共享性、开放性,协作性和自主性等基本特征。[5]网络课程是现在高校中课程与信息技术整合的主要形式之一。信息技术与课程的整合,不是把信息技术仅仅作为辅助教或者辅助学的工具,而是强调要用信息技术来营造一种信息化的教学环境,该环境应能支持情境创设、启发思考、信息获取、资源共享、多重交互、自主探究、协助学习等多方面要求的教学方式与学习方式——也就是实现一种既能发挥教师主导作用又能充分体现学生主体地位的以"自主、探究、合作"为特征的教学方式(这正是我国基础教育新课程改革所要求的教学方式)。[6]

（一）学习目标定位

本课程顺应基础教育课程改革对对中学生物教育提出的新要求,旨在改变以往"学科教学原理与方法"课程结构单一、门类较少的现状,依托华中师范大学的网络课程平台,构建出一个多元化、立体化、综合性的课程体系,营造自主、探究、合作的网络学习环境。

（二）学习对象分析

本课程的主要学习对象是在攻读生物教育专业教育硕士的已工作一年的免费师范生,他们已经具有一年的教学实践,但是在生物教育的理论知识方面存在欠缺。由于他们在攻读教育硕士的同时需要兼顾教学工作,所以本门课程建设为网络课程,便于不同地区学生的学。同时,作为理论课程,学生在已有的实践经验的基础上,通过自主、探究、合作的网络学习可以将理论与实践相结合。

（三）课程内容分析

本课程主要针对生物方向的教育硕士,通过加强理论用来指导教学实践。共设置有八个专题,分别从生物教育综述、生物学课程概论、生物学教学内容、生物学教育学习理论、生物学教学策略、生物学教学设计、生物学教育评价、中学生物学教师专业发展来介绍生物学教育的原理及方法。课程涉及内容大多抽象理论化,在网络课程资源设计时加入了大量的案例,以文本和视频的形式供学习和参考。

（四）学习过程设计

本课程基于华中师范大学自主开发的网络学习平台,基本学习过程如下图1。

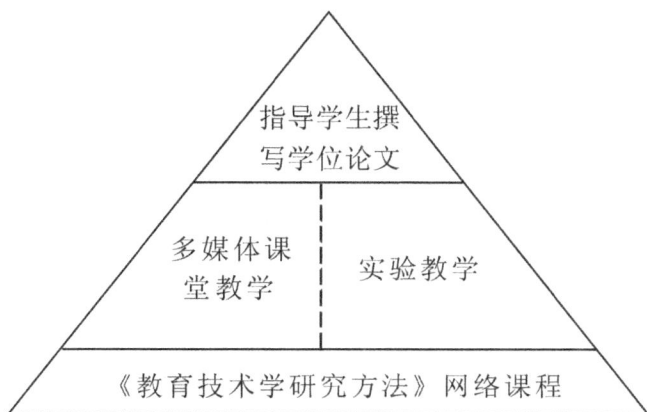

图 1 网络课程"生物学教育原理及方法"的学习过程

三、网络学习设计

本课程设计的核心在于通过多样化的可生成的网络资源和可互动的网络平台创设信息化的学习环境，这种学习环境支持学生的自主、探究、合作学习，能够充分发挥学生学习的主体性。

（一）学习环境设计

本课程在原有电子教案的基础上，利用网络环境中资源丰富、资源的呈现方式多样、交互性强等特性来为学习者创设更符合学习规律的虚拟环境，即网络课程。本课程的内容以文本教材为依据，采用文本、案例、视频、音频、图片、动画、网络课程等多种多样的呈现形式，生动可读。网络课程的设计除了兼顾学习目标的清晰性、知识体系的完整性外，还特别注重交互学习环境的设计，提供了各种实时与非实时的交互工具，比如，通过课程讨论、在线交流等可实现师生交互和生生交互。由于交互环境的应用本课程除了已有资源外，还可由学生学习形成生成性资源，循环利用。

（二）自主、探究、合作学习过程设计

本课程定位于网络课程，倡导学生进行自主、探究、合作学习，旨在充分发挥学生学习的主动性，作为网络课程，本课程在网络平台中提供了多样化的学习资源，供多样化学习选择的需要。自主、探究、合作学习的中心在于倡导主动的探究，通过自主学习或合作学习完成学习，其学习过程主要有以下两种情形。

1. 自主发现问题，并通过探究完成学习

学生通过网络资源的学习和交流互动，自主在学习过程中发现问题，并自发引起探究活动，通过讨论或自主进一步搜集资料学习解决问题。教师在此过程中，通过互动学习平台对学习过程进行监控，引导学生的学习并提供必要的帮助。其学

习过程如下图 2 所示。

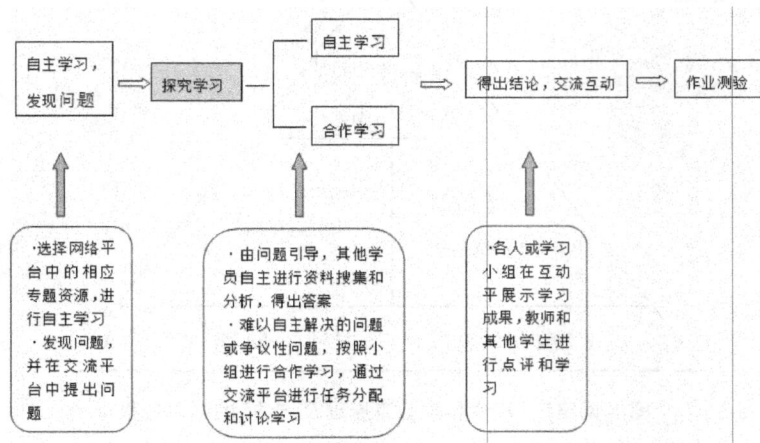

图 2　自主发现问题的探究学习过程

2. 教师创设问题情境, 引导学生进行探究学习

教师在平台上发布学习信息, 创设学习的问题情境, 引起学生的自主学习和合作学习, 在互动平台上展示学习结果进行交流和相互评价。教师主要是学习的引导者和学习过程的监控者。其学习过程如下图 3 所示。

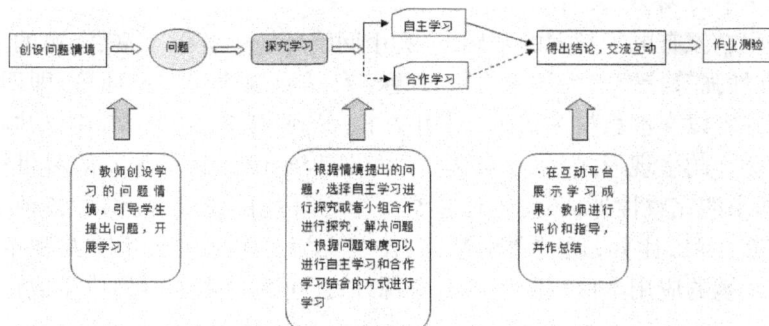

图 3　教师创设情境引导的探究学习过程

四、教学实践

本网络课程的特色之处在于倡导科学探究式学习。生物学科作为实验学科, 发现问题—作出假设—制定计划—实施计划—得出结论、交流是实验的基本步骤。仅仅简单地学习诸如"假设"、"计划"等术语或记忆诸如"科学方法步骤"这样的程序, 学生是不可能理解探究的。要发展理解和从事这种活动的能力, 必须要求有直接参与探究的经验和不间断的实践过程, 体验与理解要并行。在本课程的学习中, 通过网络学习环境的创设、学习过程的设计, 共同体现了一个完整的科学探究的过程, 即提出或发现问题—自主学习探究或合作学习探究—交流讨论—形成结论—

练习检测。

下面从教学内容的组织、教学方法和教学评价三个角度谈谈本课程的具体实施。

（一）教学内容的组织

在课程内容的组织上，注重教学理论知识与教学实践的联系，理论知识具有多样性、扩展性和自主选择性、可实践性。本课程在实施中，强调在教师指导下的自主、探究和合作学习，重视小组定点定时在线讨论式学习，提倡教学方式的多样化和灵活运用。

（二）教学方法

立足网络学习平台，提供可实现多元化学习的课程资源，使同学们从陈旧的讲授式、灌输式教学中解脱出来，教师只是学习的引导者，真正实现学生学习的主体性。学生可通过网络进行自主学习，自主选择学习资源，并提供小组学习、课程讨论和在线交流的互动平台，以便进行探究、合作。自主、探究、合作的学习方式改变了传统课堂的单一接受学习方式，网络资源的多样性给学生更多自主探究的机会，从而使学生学习更加生动活泼，学习兴趣提高。

（三）教学评价

在教学评价上，改变了仅靠笔试的方法，注重过程性评价和终结性评价的结合。通过网络课程平台的学习管理功能，对学生的学习过程进行记录；通过对各个专题内容的在线交流和讨论的记录，来考核学生教学理念和应用知识的能力；通过课堂记录和小组合作学习，考核学生的情感、态度和价值观；通过作业提交和测验，提供实际的教学情境，考核学生的学习结果。

以学习教学设计这一专题内容为例，前一专题内容为教学策略，在之前的专题中提供有多种教学策略的文本案例，学生在学习中对教学设计这一概念有一定的认识，在交流互动时有一位学生已经问到如何选取合适的教学策略进行教学设计，教师以此为情境引导本专题的学习，学习过程如下图 4 所示。

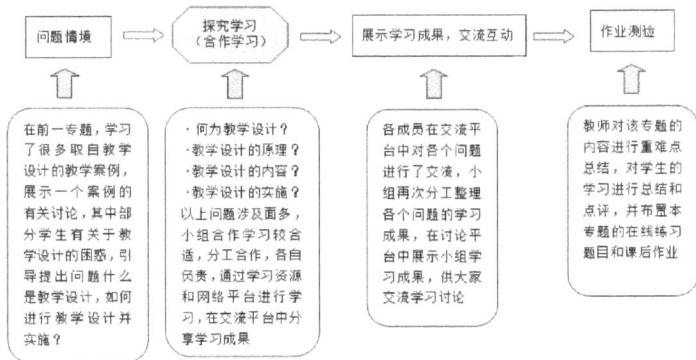

图 4　教学设计专题的探究学习过程

参考文献:

[ ]余文森.论自主、合作、探究学习[J].教育研究,2004(11):27—30.

[2]崔鸿.新课程理念生物学教学论[M].北京:北京大学出版社,2009:160—162.

[3]刘恩山,汪忠.普通高中生物课程标准(实验)解读[M].南京:江苏教育出版社,2004:70.

[4]崔鸿.新课程理念生物学教学论[M].北京:北京大学出版社,2009:160—162.

[5]何克抗.现代教育技术和优质网络课程的设计与研发[J].中国大学教学,2005(11):16—21.

[6]何克抗.对美国信息技术与课程整合理论的分析思考和新整合理论的建构[J].中国电化教育,2008(7):1—10.